la iFidad

a

...dad.

Alma.

GODOS, INSURGENTES
Y VISIONARIOS

ARTURO USLAR PIETRI

GODOS, INSURGENTES Y VISIONARIOS

Seix Barral ✕ Biblioteca Breve

Cubierta: Amand Domènech

Primera edición: enero 1986
Segunda edición: abril 1990

© Arturo Uslar Pietri, 1986

Derechos exclusivos de edición en castellano
reservados para todo el mundo:
© 1986 y 1990: Editorial Seix Barral, S. A.
Córcega, 270 - 08008 Barcelona

ISBN: 84-322-0535-4

Depósito legal: B. 17.786 - 1990

Impreso en España

GODOS, INSURGENTES Y VISIONARIOS

América ha sido una creación intelectual de Europa. Una creación compuesta de imaginación, sorpresa, desajuste y necesidad de comprender y explicar ante una realidad geográfica, natural y humana, al principio desconocida, luego mal conocida, deformada y, finalmente, nunca enteramente explicada ni comprendida.

Ésta tenía que ser la consecuencia de la manera como los europeos se encontraron, abruptamente, en presencia de todo un mundo desconocido para el cual carecían de experiencia anterior y hasta de nomenclatura y conceptos adecuados. El contacto entre los bloques continentales de la primitiva isla mundial, como llamaba McKinder a los tres viejos continentes de Europa, África y Asia, fue inmemorial y progresivo. Desde antes de los griegos y los romanos había noticias y contactos. Los persas de Esquilo no eran ninguna novedad ignorada por el pueblo de Atenas, ni tampoco Egipto o las provincias africanas de Roma fueron nunca una descomunal e imprevista sorpresa para los europeos. Fueron creciendo juntos en edades y en conocimiento mutuo.

En cambio, esa súbita y desconocida masa continental, para la que ni siquiera tenían nombre, los cogió de sorpresa y sin ninguna posibilidad de entenderla y asimilarla. En apenas medio siglo los conquistadores recorrieron de sorpresa en sorpresa y de equivocación en equivocación todo un nuevo continente. No hubiera sido pensable que admitieran su ignorancia y que comenzaran por declarar la novedad y la diferencia. Ni aun, cuando después de Vespucci y de Pedro Mártir de Anglería comenzaron a llamarlo Nuevo Mundo, era, como lo decían ellos mismos, por haber sido tierras «nuevamente descubiertas» y no porque constituyeran un fenómeno geográfico y humano radicalmente diferente de lo que ellos habían conocido como humanidad hasta entonces.

El primer equívoco

El primer equívoco fundamental fue el que tuvo Colón al pensar que aquellos hombres extraños que había topado en las Antillas pertenecían al continente asiático. Llamarlos indios fue la primera e irremediable falsificación. De allí en adelante, aun después de haber sabido que se encontraban en presencia de una masa continental distinta de Asia, continuaron sucesivamente las deformaciones conceptuales. El rechazo de la realidad comenzó con el cambio de nombres, como si se hallaran ante una tabla rasa sin pasado ni vida propia. Guanahani fue San Salvador, como fue también el caso de La Española. Fue, literalmente, la asimilación del descubrimiento al bautizo del infiel hecho prisionero. Se trasladaron los nombres de ciudades y regiones españolas y las invocaciones religiosas consuetudinarias. La realidad de la geografía humana fue cubierta por un espeso manto de nombres, nociones e instituciones que nada tenían que ver con aquellas gentes desconocidas.

Fue en el más exacto sentido de la palabra la superposición de imágenes españolas y de visiones europeas sobre un mundo que era totalmente diferente. Una creación casi poética o totalmente poética de metáforas e imágenes europeas sobre aquel mundo sin nombre y totalmente desconocido.

Alguien ha dicho que los visionarios son precisamente los que no ven o que no logran ver, abstraídos y dominados por la visión mental que proyectan sobre lo que los rodea. No ven sino lo que quieren ver. Esto corresponde muy de cerca al caso del Nuevo Mundo. Desde el Descubrimiento hasta hoy ha sido un mundo desconocido en su realidad profunda y cubierto de visiones deformantes proyectadas desde fuera. No fueron descubridores, ni colonizadores, ni reconocedores, los que vinieron, ni los que los han sucedido en cerca de cinco siglos. Sobre América han caído como sucesivas deformaciones y desenfoques las visiones de los visionarios, de los venidos de fuera y de los que luego han brotado de su propio suelo. Prácticamente podría

decirse que nadie ha querido ver la realidad y esforzar-
se por conocerla sino que ha proyectado con toda convicción y poder deformador su propia visión.

Visiones y visionarios

El catálogo de los visionarios es largo y todavía no
concluye. Comienza con la carta de Colón a los Reyes
Católicos de 1493 y continúa abierto. Visionarios fueron
los conquistadores que buscaban El Dorado o las Siete
Ciudades de Cibola, o la Fuente de la Juventud. Visionarios fueron quienes, a lo largo de siglos, se esforza-
ron ciegamente en convertir a caribes, incas y aztecas
en «labriegos de Castilla». Visionario fue Bartolomé de
Las Casas, con sus Caballeros de la Espuela Dorada o
Vasco de Quiroga que le propuso a Carlos V separar a
América de la civilización europea para crear la utopía
de Tomás Moro en las nuevas tierras. Visionarios fueron los jesuitas del Paraguay, como lo fueron todos
aquellos alucinados que investigó durante siglos la Inquisición de Lima. También lo fueron, sin duda, los
que prohijaron alzamientos de indígenas y de negros
para crear formas utópicas de sociedad, como el Rey
Miguel, como Túpac Amaru o los comuneros, visionarios fueron Simón Rodríguez y fray Servando Teresa
de Mier, el uno quería crear una nueva humanidad y el
otro pretendía que el manto de la Guadalupe era la capa
del apóstol Santo Tomás que había traído el cristianismo a América quince siglos antes del Descubrimiento.
Quetzalcóatl era Santo Tomás. La lista puede proseguir
hasta nuestros días. Visionarios fueron los hombres de
la Independencia, sobre todo Miranda y Bolívar, los
pensadores del siglo xix que soñaban una América hecha sobre ideologías europeas, desde los hijos de la Ilustración Francesa, hasta los positivistas y los marxistas.
No era un mero desdén de la realidad, de la cochi-
na realidad como diría Unamuno, sino una imposibilidad de conocerla y comprenderla porque no lograban
llegar hasta ella desviados y cegados por las doctrinas
y las concepciones de los pensadores de Europa.
La historia del Nuevo Continente demuestra de un

modo evidente cómo las creaciones del espíritu terminan por imponerse, mal que bien, sobre las realidades sociales y geográficas y llegan, a veces, hasta crear una sobrerrealidad que influye, a su vez, sobre el destino de las colectividades humanas. El caso es patente en América. En Europa, como en Asia y en África, hubo una continuidad histórica milenaria que resiste y persiste bajo las imposiciones externas de las ideologías, pero en las nuevas tierras la continuidad se interrumpió súbitamente y se hizo subterránea e invisible, en gran parte, desde el Descubrimiento. De la noche a la mañana se pretendió crear una Nueva España en un escenario geográfico y humano totalmente diferente al de la península y, más tarde, de manera esporádica y menos profunda, se pretendió formar nuevas Inglaterras, nuevas Francias y hasta nuevos Estados Unidos y nuevas URSS. Oscar Wilde, en una forma no enteramente paradójica, dijo que la naturaleza imita al arte. O por lo menos el arte hace ver la naturaleza de una manera distinta y nueva. Sin exagerar, podríamos añadir que la historia imita a las ideologías. Nunca se ha logrado que una ideología reemplace o cambie enteramente una realidad histórica, pero logra alterarla significativamente y termina por cambiar el sentido que de su propia experiencia vital tienen las colectividades. La historia hispanoamericana está llena de ejemplos de esta clase y no exageraría mucho quien la escribiera de nuevo bajo el título general de historia y ficción.

América fue una invención intelectual del Renacimiento. La increíble novedad fue conocida y vista a través de la mentalidad y las concepciones de los hombres de aquella época tan peculiar. Humanistas, sabios y poetas se apoderaron de aquella insólita revelación y de un modo espontáneo la acomodaron a sus conceptos y creencias.

La inteligencia europea había vivido entre mitos y tradiciones aceptadas. Estaba familiarizada con utopías y mitos que formaban parte importante de su concepción del mundo. Por el cristianismo creían en el Paraíso Terrenal. En su origen la humanidad fue feliz. Los males comenzaron con la expulsión por el pecado de Adán. El interés por la Antigüedad Clásica los puso en contacto con el mito de la Edad de Oro. Hesíodo les pintaba un tiempo en que los hombres habían gozado de la paz, la libertad y la abundancia.

También hubo la visión utópica del futuro. El milenarismo prometía mil años de felicidad para todos los hombres después de regresar Cristo a la tierra. La creencia en la *parusia* fue un consuelo para aquella humanidad tan maltratada por la vida.

Los tres italianos

El choque de la noticia del Nuevo Mundo sacudió la conciencia europea y vino a completar el panorama mental del Renacimiento. Como lo ha señalado Giuseppe Prezzolini el Renacimiento no fue, en el fondo, otra cosa que la italianización de Europa, que fue paulatina, pero efectiva, desde el siglo XIV hasta el XVI, desde Dante y Petrarca hasta la corte florentina de Lorenzo el Magnífico. Cada nación recibió esta influencia a su manera. En España tenía que españolizarse, pero es significativo que en la difusión de la gran nueva y en su primera y perdurable interpretación desempeñan un papel protagónico tres italianos: Colón, Pedro Mártir de Anglería y Amerigo Vespucci.

A su regreso del primer viaje Colón escribe para los Reyes Católicos la primera descripción de las nuevas tierras y sus habitantes que Occidente va a recibir con asombro y desconcierto. Esa carta de 1493 comenzó a circular profusamente por todo el viejo continente, despertando curiosidades, imaginaciones y memorias de todo género.

El Almirante describió con persuasiva sencillez la desconcertante dimensión del hecho. En las primeras líneas lanza el equívoco fundamental. «En 30 días pasé a las Indias.» Las Indias era el Asia del legendario Preste Juan que pobló la imaginación de la alta Edad Media. Creyó haber pasado a las Indias y lógicamente encontró a los indios, sus habitantes. Indias e indios, como lentes deformantes, han desfigurado la visión inicial de América. El descubridor creía haber llegado a la costa más oriental de Asia. Habrán de pasar largos años antes de que se conozca que se trataba de un nuevo continente. En rigor hasta que, casi veinte años más tarde, Balboa encuentre el Pacífico y cambie aquella equivocada noción.

Colón buscaba el Asia y creyó haberla encontrado y en ese encuentro vio tierras de extraordinaria riqueza, mucho más ricas que todo lo que había conocido en Europa, y a unos hombres desnudos e inocentes que no se parecían en nada a los hasta entonces conocidos. Advierte, con emoción, que no tenían hierro ni armas, tan sólo aquellas cañas huecas con las que lanzaban pequeños dardos. Le parecieron «sin engaños y liberales de lo que tienen». Todo lo dan sin ninguna reserva, y «muestran tanto amor que darían los corazones».

Se percata de que aquella noticia implica un problema teológico. Hay una vasta porción de la humanidad a la que no ha llegado la revelación de la verdadera religión.

Intuitivamente él allana el camino por donde entrarán los teólogos. «No conocían ninguna secta ni idolatría», por lo que se presentaba la oportunidad para los castellanos de convertir «tantos pueblos a nuestra Santa Fe».

La noticia se extendió con rapidez y produjo efectos de todo género. Era un hallazgo inesperado que venía a trastornar las ideas recibidas y a plantear problemas de toda índole a aquellos hombres tan curiosos del saber.

En la Corte de los Reyes Católicos está el italiano Pedro Mártir de Anglería que ve llegar a Colón y va a enterarse en la propia fuente de todas las noticias que llegan sucesivamente de las nuevas tierras, hasta entrado el siglo XVI. En latín de humanista refinado escribe cartas y aquellas «Décadas del Nuevo Mundo» que es el primer libro que el pensamiento europeo consagra al hecho americano. Lo llama reveladoramente «el hasta ahora oculto mundo de las antípodas». Ya esa sola palabra echaba por tierra viejas verdades sobre la imposibilidad de que hubiera habitantes en las antípodas, porque no podrían mantenerse sobre la tierra y caerían al vacío.

Dice que «es como el hallazgo de un tesoro que se presenta deslumbrador a la vista de un avaro».

No era fácil para aquellos hombres llegar a saber en qué consistía ese tesoro, ni mucho menos incorporarlo debidamente al conjunto de su visión del mundo. Tuvieron que tamizar, filtrar, adaptar y deformar los hechos. Vieron más con la imaginación que con los ojos y, aun más que ver, lo que hicieron fue proyectar las visiones que llevaban dentro de ellos, heredadas de una historia en la que no existía América.

La circunstancia en que se hallaba Pedro Mártir era la de un humanista del Renacimiento. Un humanista del Renacimiento en la España de los Reyes Católicos. Después de la visión deformante de Colón en su carta la suya fue la que conoció la Europa de los humanistas en sus cartas, desde el año mismo del regreso del descubridor hasta la publicación de sus *Décadas*, que fue la primera Historia del Nuevo Mundo que los europeos conocieron.

Pedro Mártir era un trasplantado cultural y en su actitud y en su obra expresa el conflicto con el nuevo medio en que ha venido a actuar. No hay que olvidar que España no recibe sin resistencias y modificaciones significativas esas nuevas ideas. Llegan fragmentariamente y se hacen más visibles en algunos aspectos que en otros. Es un proceso gradual y limitado de asimilación, en el que España resiste, apegada a su tradicionalismo raigal, con esa actitud de «reserva y cautela» que señaló Karl Vossler. La concepción predominante en los conquistadores, Croce lo ha dicho, era en gran parte una concepción medieval que «no estaba ya de acuerdo con la época en el siglo del Renacimiento». En su visión se mezclaban las ideas de la Edad Media castellana, un cierto concepto de la Antigüedad con sus imprecisos mitos y símbolos, la influencia tamizada de las novedades mentales del Renacimiento y el hecho desconcertante de aquel Nuevo Mundo súbitamente aparecido.

Es, precisamente, Pedro Mártir el primero que lo llama Nuevo Mundo, con todas las implicaciones que el nombre tiene. El título de *Décadas* viene de Tito Livio y es desde esa posición que él quiere acercarse al hasta entonces «oculto mundo de las antípodas». «Ha vuelto de las antípodas occidentales cierto Cristóbal Colón...» Está convencido, desde el primer momento, de que «cuanto desde el principio del mundo se ha hecho y escrito es poca cosa, a mi ver, si lo comparamos con estos nuevos territorios, estos nuevos mares, esas diversas naciones y lenguas, esas minas, esos viveros de perlas».

Cuando se refiere a los indígenas le viene espontáneamente la metáfora humanista: «para ellos es la Edad de Oro». Se ha encontrado «margaritas, aromas y oro». Así se conforma la primera imagen de tierras nunca vistas, gentes que viven en la realidad de la Edad de Oro y de inmensas riquezas.

Pronto aparece el tercer italiano y no el menos importante, Amerigo Vespucci, hijo de Florencia, servidor de los Médicis, formado en el crisol mismo del Renacimiento. Es un ser enigmático que carga con la fama de haber realizado la más grande usurpación de la historia, al darle su nombre al Nuevo Mundo. Era mercader, curioso de las ciencias, versado en astronomía y en saber clásico y, sobre todo, un hombre culto. Todo lo relativo a Vespucci ha sido tema de inagotable discusión, pero ciertamente no era un farsante, vino a América cuatro veces y sus cartas, en especial la famosa «léttera» a Pier Soderini sobre sus «cuatro jornadas», fueron la más importante confirmación que recibió Europa sobre la realidad de un nuevo continente. Hasta entonces se seguía pensando que las tierras descubiertas formaban parte, en alguna forma, de Asia. En una de sus cartas al Medici comienza por decir que «vine de las regiones de la India, por la vía del Mar Océano», que podría significar que continuaba en él la equivocación colombina, pero más adelante afirma, sin vacilación: «llegamos a la conclusión de que era tierra firme». Fue ésta la gran novedad. Se había hallado un nuevo continente hasta entonces desconocido. Lo dice en sus escritos y lo representa en los mapas que envía a sus protectores. Nada de sorprendente tiene que uno de sus ávidos lectores europeos, Martin Waldseemuller en Saint Dié, que se preparaba a completar una reedición de la cosmografía de Ptolomeo, al trazar el perfil de los nuevos territorios de acuerdo con la versión de Vespucci, convencido de que era un nuevo y cuarto continente que venía a completar la realidad del planeta, le pusiera el nombre del navegante que había descubierto ese hecho fundamental y lo llamara América.

Los tres italianos, el que descubre, el que interpreta y el que bautiza, crean la primera imagen que los europeos alcanzan del Nuevo Mundo. Es posible que Vespucci no llegara a conocer que era su nombre el que designaría toda esa nueva porción recién incorporada a la visión del globo. Murió en 1512 como Piloto Mayor y el mapa de Waldseemuller se imprimió en 1507.

El florentino recoge mucho de las visiones anteriores. Cree haber llegado cerca del Paraíso Terrenal, encuentra monstruos y, sobre todo, confirma la impresión de que los indígenas viven en una situación semejante a la que los antiguos llamaron Edad de Oro.

El núcleo central de la concepción europea de América quedaba constituido. A él vinieron a sumarse, en la mente de los conquistadores, la tradición de prodigios, portentos y milagros que les venía de la Edad Media y, con mucha importancia y grandes consecuencias la ficción desorbitada de los libros de caballería. Los más famosos aparecieron entre 1498 y 1516. Estaban en la imaginación de los conquistadores y no tiene nada de sorprendente que buscaran en el Nuevo Mundo la confirmación de muchas de aquellas descripciones fabulosas.

Hay dos visiones primeras que, en alguna forma, se mezclan y se superponen, terminan por ser la misma y tener igual significación, la del Paraíso Terrenal y la de la Edad de Oro.

El reencuentro de la Edad de Oro

Cuando Colón avista por primera vez la masa continental, en 1498, cerca de las bocas del Orinoco, reconoce que hay allí un inmenso río y que debe ser uno de los cuatro que salen del Paraíso Terrenal. Vespucci señala que «la bahía de Río de Janeiro no debe estar muy lejos del Paraíso Terrenal».

La visión de la Edad de Oro es mucho más persistente y de mayores consecuencias. Desde los griegos había formado parte del tesoro conceptual del europeo la noción de que en una época remota del pasado los hombres habían vivido en una sociedad feliz, sin guerra, sin trabajos, en la más ilimitada abundancia gratuita de todos los bienes. Hesíodo y luego Virgilio la recogen y le dan casi la categoría de un hecho histórico. La primera carta de Colón, que lanza al viejo mundo la noticia de las nuevas tierras, describe a los indios de las Antillas como el trasunto de los seres de aquella legendaria edad. Después de ese momento ya no se trata de una leyenda más o menos verosímil que nos llega del más lejano ayer, sino de una realidad contemporánea que ha sido vista y verificada por los mismos hombres que han hallado tierras hasta entonces desconocidas. Creyeron que la Edad de Oro existía realmente y se había conservado en sus rasgos esenciales en aquellas lejanas regiones.

Esta noticia fue, acaso, más importante que la del mero descubrimiento de un nuevo continente y sus consecuencias de toda índole fueron gigantescas.

Humanistas, cortesanos y gentes sin letras que conocían el mito se hallaban de pronto ante el hecho de que aquella edad que se pensaba imaginaria existía en la realidad, que había hombres que en aquel mismo momento no vivían en la guerra, la injusticia, la pobreza, la escasez y la codicia sino, por el contrario, en un estado de felicidad interminable, en el que no había combates, ni tuyo y mío, ni diferencias sociales, ni ninguno de los males que habían perdurado desde lo más antiguo entre los pueblos conocidos hasta entonces. Si eso era así, si había hombres que habían logrado escapar de aquellos males, o que nunca los habían conocido, todo lo que había ocurrido inmemorialmente en las sociedades europeas debía ser el resultado de alguna aberración criminal, de una desviación maléfica de lo que era la verdadera naturaleza humana.

La conclusión inescapable era que los hombres habían nacido para la libertad, para el bien, para la igualdad, para existir en la más completa fraternidad y que toda la historia del mundo conocido hasta ese momento no era otra cosa que el resultado de una enfermedad social que había desnaturalizado al ser humano.

Sobre la base de esta revelación asombrosa la imaginación de humanistas y escritores se va a disparar. Lo que ha pasado hasta entonces en la tierra conocida es una aberración de la naturaleza humana, la historia no es sino el testimonio de un largo y sostenido crimen contra la verdadera condición humana que, al fin, se ha hallado en su prístina pureza en las nuevas tierras.

Tomás Moro recoge con embriaguez intelectual tamaña novedad. Escribe, acaso, el libro más influyente en el pensamiento y en el desarrollo social del viejo mundo. Inventa para ello una palabra que es la clave del pensamiento europeo posterior y cuyos efectos llegan poderosos y visibles hasta nuestros días. La *Utopía* de Moro es la semilla y el programa esencial de todo el pensamiento revolucionario que va a predominar en el mundo hasta nuestros días. Moro describe un país de igualdad, bienestar general y paz que ha llegado a sus oídos por boca de un marino que acompañó a Vespucci. El marino es ficticio pero el efecto de aquella descripción fue inconmensurable. Lo recoge Montaigne, pone las bases de lo que Paul Hazard llamó más tarde la «crisis de conciencia del pensamiento europeo», y en el siglo XVIII alcanza su máxima y definitiva expresión en las obras de Rousseau. El *Contrato social* es el descendiente directo del Descubrimiento y de la *Utopía* de Moro. De allí en adelante no presenta dificultades proseguir el trazado de la línea genealógica. De Rousseau viene la Revolución Francesa, de ella la afirmación de que la *Utopía* es alcanzable o restituible. De esa herencia saldrán Marx, Bakunin, Lenin y casi todos los programas revolucionarios de nuestros días. No es una desdeñable descendencia.

Otras visiones deformadas o deformantes van a surgir del hecho americano, que en cierta forma se emparentan con la obsesión de la Edad de Oro.

Entre esas visiones una reviste excepcional importancia, la de las Amazonas. También venía de la Antigüedad la alucinante noticia de que en alguna parte de Asia Menor existía un reino muy rico poblado exclusivamente por mujeres guerreras. Sus armas y todo lo que usaban era de oro.

Esta leyenda antigua la recogen y la transforman algunos libros de caballería españoles. No se comprende el espíritu, ni las hazañas de los conquistadores sin tener en cuenta la inmensa influencia que sobre ellos, como sobre todos sus contemporáneos, ejerció esta literatura fantasiosa y llena de prodigios increíbles. Eran héroes intachables al servicio de los más altos ideales, que luchaban sin tregua contra los poderes maléficos, y también contra monstruos, gigantes, enanos y encantadores. El gran auge de los libros de caballería coincide con el comienzo de la empresa de Indias. *Amadís de Gaula,* que fue el modelo definitivo del género, apareció bastante antes de que Cortés saliera a la conquista de México. En las cartas y documentos de los conquistadores aparece con frecuencia el recuerdo de los libros de caballería. Uno de los más populares fue el de las *Sergas del Esplandián,* que narraba las descomunales aventuras del hijo de Amadís. Una de las mayores aventuras de Esplandián fue su tentativa de conquistar el reino de las Amazonas. Las Amazonas del libro español eran, en el fondo, las mismas del mito antiguo pero con algunas importantes novedades. La reina guerrera ostenta un nombre nuevo que va a tener, gracias a la conquista, enorme resonancia histórica y geográfica. La reina se llama Calafia y su país California. Los españoles creen que pueden encontrarlo dentro de la desconocida e imaginífera geografía americana.

Ya Colón creyó haber pasado cerca de su isla en alguna de las Antillas menores. Pedro Mártir hace referencia a ellas en sus *Décadas.* Más tarde, según el testimonio de Pigafetta, Magallanes buscó su isla en la inmensidad del Pacífico.

Probablemente es Cortés el primero que concibe seriamente, como lo confirman sus *Cartas de relación*, la posibilidad de hallar la fabulosa isla en alguna parte de la costa occidental de México. Basta leer a Bernal Díaz para advertir la constante presencia de la mitología caballeresca en la imaginación del gran conquistador. Invoca a Roldán, le vienen a la boca, en su primera contemplación de la capital de los aztecas, algunos versos del romance de Don Gaiferos. Más tarde enviará un destacamento a buscar en el confín occidental del nuevo país la legendaria isla. Cuando su capitán, Juan Rodríguez Carrillo, avizora por primera vez la costa de lo que hoy llamamos Baja California y la toma por una isla, la nombra naturalmente California. Hoy sabemos el destino fabuloso que tuvo esa reminiscencia equivocada.

Si no nos desviara podríamos aquí advertir que no menos fabuloso y contrario a la realidad que lo rodeaba, fue el hecho, de pura creación imaginativa del conquistador, de llamar a aquel extraño país, poblado por hombres de una cultura totalmente diferente, con el incongruente nombre de Nueva España.

En 1542 Orellana desciende, sin darse cuenta, por el más grande río del planeta. Lleva en la imaginación el mito de las Amazonas y en algún punto del recorrido maravilloso cree haber encontrado alguna avanzada del reino de las Amazonas. Así como lo que distinguió Carrillo a la distancia no era una isla, ni mucho menos la fabulosa California, tampoco Orellana topó con ninguna avanzada del mentido reino. Pero, en cierto modo, ello carecía de importancia. Lo que sí la tenía era aquel extraordinario poder de imponer lo imaginativo y mítico sobre la realidad inmediata. Lo que había encontrado Orellana fue para él, como después lo ha sido para el mundo entero, el río de las Amazonas.

A partir de 1540 comienza a difundirse la leyenda de El Dorado. El más poderoso mito de la conquista que describía un país, no determinado geográficamente, donde estaban acumuladas las más increíbles riquezas en oro y piedras preciosas y donde el rey o jefe, en lugar de vestiduras, se cubría el cuerpo cada día con fino polvo de oro. Una extensa porción septentrional de la

América del Sur, desde Quito hasta las bocas del Orinoco fue recorrida y conocida, en cortos años, por el poder alucinante de esta fantasía.

La lista de los buscadores es larga y cubre tres siglos. En 1540 topan, por un increíble azar, en la sabana de Bogotá tres expediciones: la que venía del Norte con Jiménez de Quesada, del Noreste con el gobernador alemán Ambrosio Alfinger y la que había partido de Quito con Sebastián de Belalcázar. A Belalcázar un indio le había llevado la leyenda, acaso fundada en una peculiaridad local, de que un cacique o rey tenía inmensas riquezas, se cubría de oro en polvo, y que una vez al año se dirigía con todo su pueblo a una laguna sagrada a la que arrojaba innumerables objetos de oro y muchas esmeraldas, para luego zambullirse en ella.

De esta vaga referencia brota la leyenda de El Dorado. Belalcázar parte en su busca, en el encuentro de Bogotá se divulga la creencia. Poco más tarde los gobernadores alemanes de la entonces provincia de Venezuela organizan expediciones en busca de la deslumbrante ciudad. Se la buscó desde la sabana de Bogotá hasta las riberas del Orinoco. Cada vez se creía estar más cerca de ella. Ya a fines del siglo XVI vino en su busca nada menos que sir Walter Raleigh, poeta y gran figura de la corte de la reina Isabel de Inglaterra. Raleigh hace dos viajes hasta el Orinoco en busca del fabuloso reino. Trae algunas informaciones que cree precisas. El Dorado se encontraba en las selvas de la Guayana, al borde de un lago que se llama Parima y en una ciudad, toda de oro, que se llama Manoa. Entre los dos viajes Raleigh publica un famoso libro que va a extender por toda Europa la visión fascinante de El Dorado.

La fama de las riquezas del Nuevo Mundo hacía creíble aquella fábula. En el Perú se había encontrado oro en una abundancia que los hombres nunca antes habían conocido. El pago del rescate de Atahualpa, con la imagen de aquel aposento lleno hasta arriba de oro y de joyas, preparaba para creer todo lo que se pudiera concebir sobre riquezas ilimitadas. La busca de El Dorado fue uno de los principales móviles de aquella insólita empresa de exploración y reconocimiento que los españoles realizaron en cortos años a través de las ásperas regiones selváticas que cubren desde el Amazonas y Colombia hasta las selvas de Venezuela. Los alemanes y sobre todo Raleigh la divulgan por el viejo continente. Su último eco asoma irónicamente en Voltaire.

Es toda una secuencia de imágenes inverosímiles que deforman una realidad y se superponen a ella, mezclándose y combinándose de las más inesperadas maneras. Desde las imágenes del Génesis y de Hesíodo, desde la Fuente de la Juventud y las Amazonas hasta la visión de la Utopía.

Esa visión europea no sólo afecta a América y a su verdadera comprensión sino que, a su vez, influye directamente en la historia de las ideas del viejo mundo. La posibilidad de la utopía va a engendrar ideas, dudas y reflexiones y terminará por crear ideologías. Pero no se queda allí la cosa. Esa visión convertida en ideología regresa a América como novedad intelectual y como programa de acción.

El primer obispo de México, fray Juan de Zumárraga, leía y anotaba en el libro de Moro. Surge entonces la idea de ensayar en tierra americana, entre los indios, aquel proyecto de sociedad. Ya no era Europa que inesperadamente hallaba la Edad de Oro viva en las Indias, sino los hijos de la conquista que admiran y pretenden realizar en su nuevo medio las concepciones que llegan en libros del otro lado del Atlántico. Podríamos hablar sin exageración de un viaje de ida y vuelta de la utopía a través del océano.

Vasco de Quiroga, un protegido de Zumárraga, también ha leído a Moro y se propone con los indios de Michoacán reconstruir la sociedad fabulosa. No sólo esto, sino que llega a escribirle a la majestad cesárea de Carlos V para implorarle que aísle al nuevo continente de todo contacto con el viejo para impedir que se contagie y malogre con vicios que han llevado a la triste historia de Europa y para ensayar con los habitantes originales un nuevo tipo de sociedad fundada en la igualdad y el amor.

Mucho más tarde, los jesuitas establecerán el asombroso ensayo de las misiones del Paraguay. Por cerca de un siglo, de fines del XVII hasta mediados del XVIII, crean, en cerca de un centenar de pueblos, una sociedad igualitaria y providente, en la que no hay propiedad ni indigencia, apartada del resto del imperio y a la que no se dejaba penetrar ni a españoles ni a criollos. El padre francés Charlevoix, que la visita en la época de su apogeo, describe con entusiasmo aquella experiencia que le parece establecida «para hacer realidad las sublimes ideas de Fénelon, Tomás Moro y Platón».

No se detiene la poderosa influencia de la visión de América convertida en ideología europea sino que prosigue en muchas formas, pasa a través de los mayores sucesos históricos, está en la raíz de la Independencia y llega a nuestros días.

El mestizaje cultural

El visionarismo, que domina y altera las realidades subyacentes, lleva implícita una condición conflictiva para europeos y para americanos. Esa situación confusa y pugnaz engendra, a lo largo de los tiempos, la violencia histórica. Las cuatro fuentes culturales que han hecho el mundo americano nunca han llegado a fundirse en unidad completa y estable. Están presentes y se han mezclado en todas las formas imaginables, en grado y forma variable según el tiempo y la situación. No es difícil detectar en los sucesos y en el pensamiento su poder de deformación, creación y conflicto.

Lo más activo de esas fuentes, históricamente, lo representan los españoles que llegan. El medio geográfico y humano y el contacto con las otras culturas les modifican notablemente el vocabulario, usos, alimentación, entorno social, relación con el espacio, vivienda y familia. Cuando alguno regresa a la España de los Austria es el «indiano», aquel personaje extraño que aparece en las comedias.

Habría que estudiar todo lo que comprende y traduce la noción semántica del *indiano*. Era una forma de reconocimiento de las diferencias insalvables que habían producido entre los peninsulares y los que estaban establecidos en América, españoles o criollos. Con alguna frecuencia, en la literatura del Siglo de Oro, aparece el personaje estrafalario y caricatural que provoca curiosidad y burla. Siempre era o se le suponía rico, y como su liberalidad nunca podía ir de par con su fama de riqueza terminaba por resultar tacaño. El lenguaje que usaba detonaba por su abundancia y novedad de vocablos claros y giros inusitados. «Gran jugador del vocablo», lo llama Lope de Vega pero, por otra parte, señala que «nos cuentan mil embelecos». La casa del indiano, sus lujos, sus hábitos, eran motivo de mofa. La casa era reconocible por los negros de servicio, los loros en las perchas y el son de chaconas y areitos que cantaban los criados.

Otra visión es la que tenían los indígenas, desde las altas civilizaciones de los grandes Estados precolombinos, hasta las dispersas tribus de la vertiente atlántica. Su aporte es fundamental y en todas las manifestaciones culturales aparece, más o menos visible, su huella. Conviven estrechamente con el español y se establece entre ellos un continuo e inconsciente intercambio de nociones y valores. A su vez se modifican porque ya no podrán ser los mismos que fueron antes del hecho colonial.

No se puede desdeñar el aporte africano. A lo largo del régimen español llegaron millones de esclavos de la costa occidental de África. Traían culturas propias, lenguas, religiones y características peculiares de todo género. Convivieron con españoles e indios y se extendió el intercambio a tres actores. En consejas, en música, en danzas, en alimentación, en ciertos rasgos psicológicos está presente su inmensa contribución aun en aquellos países en las que físicamente han desaparecido, como la Argentina.

La cuarta es el espacio nuevo. Los efectos de tan gran desplazamiento brusco y total, de aquel verdadero desalojo, se hicieron sentir en muchas formas en la mente y la conducta de aquellos españoles separados de sus raíces y de su ambiente ancestral. El padre José de Acosta, a fines del siglo XVI, recoge esa impresión de extrañeza y algunas de sus consecuencias mentales y hasta religiosas. Ante la variedad de nuevas especies animales no puede dejar de preguntarse cómo llegaron allí si sólo hubo, según las Escrituras, un solo acto de creación divina, cómo, salidos del Arca de Noé, pudieron llegar a tierra tan distante y desaparecer del mundo conocido. En su desconcierto revelador llegan a aparecer algunas premoniciones darwinianas.

El desajuste fundamental había comenzado con la nueva relación entre el español y el espacio americano. Al llegar a las Indias sufría una desadaptación y un desfase graves con respecto al marco de referencia del entorno. Una forma de relación congénita con gentes, paisaje y fenómenos naturales quedó bruscamente rota. De un clima de estaciones marcadas pasaron a otro sin estaciones como en el Caribe, o de estaciones invertidas como en el Plata, las dimensiones fisiográficas cambiaron descomunalmente. Quienes habían nacido a las orillas del Tormes, del Tajo y aun del Guadalquivir topaban asombrados con aquellos «mares de agua dulce» del Magdalena, el Orinoco y el Amazonas, en los que, comúnmente, desde una orilla no se divisa la otra. Quienes no habían conocido más montaña que la sierra de Gredos o el Pirineo se hallaron con los Andes, aquella «nunca jamás pisada de hombres, ni de animales, ni de aves, inaccesible cordillera de nieve», a la altura de los mayores picos de Europa descubrieron poblaciones, para quienes no conocían más que las mesetas del Viejo Mundo surgieron las inabarcables extensiones planas de la pampa y los llanos. Con pasmo vieron animales, plantas y gentes desconocidas, sufrieron huracanes y terremotos para los que carecían de equivalencia en su memoria vital y cultural. El desajuste provocó grandes efectos en el espíritu y en todas las formas de relación con el espacio, que se tradujeron en alteraciones de conducta, en desequilibrio y traumática adaptación.

No menos conflictivas fueron las nociones del tiempo. Los colonizadores eran hombres del Renacimiento, con una visión lineal de la historia y del tiempo, contaban por horas, por semanas, por años y se mezclaron con hombres de culturas que tenían una noción enteramente diferente del transcurso y la significación del tiempo. Los indígenas tenían otro tiempo y una visión cíclica y repetitiva de las edades y los acontecimientos que había desaparecido de la mente europea desde el predominio de Roma y del cristianismo. Fue difícil, y a veces imposible, someterlos a un ritmo de orden cronológico que era ajeno a sus mentalidades. No sólo fue difícil sino que esas nociones diferentes, con todas sus consecuencias subsistieron y marcaron su presencia en el proceso del mestizaje cultural. Los africanos, por su parte, tampoco tenían una concepción lineal del tiempo ni una división del día semejante. Los etnógrafos nos han dicho que en las culturas africanas no hay nada equivalente a nuestra idea del futuro.

Estas incompatibilidades se manifestaron dramáticamente en la insuperable dificultad que se presentó para someter a los indios del Caribe, que fueron los primeros con los que se entró en contacto, a un sistema español del trabajo y de la tarea. No existía para ellos noción de trabajo a la europea, ni la podían entender. Lo veían como un mal y se resistían. Los españoles ensayaron muchos sistemas para tratar de convertirlos en «labradores de Castilla», ensayando adaptaciones de las formas tradicionales de prestación de servicios, el colonato o la servidumbre medieval en la forma de la encomienda, que nunca fue aceptada por el indio y que no logró crear una verdadera relación laboral.

La forma más importante de ese proceso cultural, fluido y nunca cerrado, está en la continua y variada mezcla cultural que ocurre en todos los niveles y formas entre aquellas tres culturas protagónicas. De allí nace el principal rasgo de la vida americana, su mestizaje cultural. Las tres culturas fundadoras se han mezclado y se mezclan en todas las formas imaginables, desde el lenguaje y la alimentación, hasta el folklore y la creación artística. No escapa ni siquiera la religión, el catolicismo de las Indias nunca fue un mero trasplante del español, en ceremonias, invocaciones y en la superstición popular se tiñó de la herencia de las otras dos culturas.

El español nunca se llegó a sentir americano, demasiadas ligaduras lo ataban a la patria original. En sus hijos no se borró esta herencia. El indio y el negro tampoco llegaron nunca a ser totalmente asimilados. El resentimiento contra el dominador, las insalvables diferencias físicas y culturales y la memoria mítica de

un pasado perdido en el que habían sido libres y seño-
res, los mantenía en una actitud abierta o solapada de
resistencia.

Así se planteó, para no ser resuelto nunca de manera satisfactoria, el problema fundamental de la identidad que ha atormentado por siglos el alma criolla. Era
lo que Bolívar pensaba en 1819, en Angostura, cuando
decía «no somos españoles, no somos indios», «constituimos una especie de pequeño género humano».

Esa situación conflictiva del criollo y de su cultura
tuvo una manifestación ejemplar al comienzo mismo de
la colonización en la persona del Inca Garcilaso de la
Vega. Hay que acercarse a él, yo lo he hecho muchas
veces, para mirar dramáticamente esa contradicción fundamental. Había nacido en el Cuzco pocos años después
de la Conquista. Era hijo de un capitán español de pres-
tigioso nombre, Garcilaso de la Vega, y de una joven
peruana de alto nacimiento, nieta del emperador Inca
Túpac Yupanqui, que había sido bautizada con el nombre de Isabel Chimpu Ocllo. En la vasta casa del Cuzco,
en la que creció, se daba diariamente la más clara y ta-
jante presencia del conflicto. En un ala vivía la *ñusta*
con sus viejos parientes de la familia de los reyes incas
que hablaban en quéchua de su pasado. En la otra estaba el capitán Garcilaso, con sus compañeros de armas, sus frailes y sus escribanos, metido en el mundo
español de América. Atravesar el vasto patio era pasar
una frontera cultural, pasar del mundo de Atahualpa
al de Carlos V. Pero el niño no pasaba esa raya, porque
en su espíritu se mezclaban pugnazmente y con difícil
acomodo las dos lenguas, las dos creencias, las dos historias, las dos culturas. Ese conflicto nunca lo llegó a
resolver el Inca. Vivió en España por más de las dos ter-
ceras partes de su existencia, fue soldado y clérigo y
cuando escribió la cumbre de su obra de escritor, los
«Comentarios reales», que es un monumento de las letras castellanas, en el tiempo mismo de Cervantes, no
hace otra cosa que presentar reiteradamente las dos
lealtades que combatían sin tregua en su alma.

Esa condición conflictiva no se limitaba a un estado
de conciencia generalizado sino que se manifestaba en
pugnas, rupturas e insurrecciones. Podría casi hablar-

se de un estado de guerra civil latente durante el período colonial, que pasa por sucesivas alternativas de mayor o menor violencia.

Las lealtades culturales no homogeneizadas hacían que el criollo no se sintiera dentro de un mundo estable y aceptado, sino dentro del choque de mundos diferentes que lo mantenían en un desajuste constante. Era el efecto de las distintas concepciones, de las diferentes condiciones mentales, de las opuestas e irreconciliables visiones.

Insurgentes

La violencia aparece desde el primer momento. La primera y más clara es la pugna de los conquistadores con la Corona de Castilla. El insoluble antagonismo entre lo que aquellos hombres creían que eran sus derechos de conquista y el sistema que la metrópoli se propuso pronto imponer para someter a las leyes y a las estructuras tradicionales del Estado peninsular la nueva sociedad inorgánica. Fueron numerosos los alzamientos y las tentativas de alzamiento. Desde las pugnas de los primeros vecinos de La Española, pasando por Martín Cortés y las guerras de almagristas y pizarristas en el Perú, hasta la espeluznante y reveladora aventura de Lope de Aguirre, casi tres cuartos de siglo después del Descubrimiento. Era la inconciliable querella del conquistador con la Corte y con los bachilleres, ministriles y funcionarios de toda clase que querían arrebatarle su dominio de hecho, para implantar un orden impersonal de ley castellana. La carta de Lope de Aguirre a Felipe II es un documento que aún hoy no puede leerse sin emoción y angustia. Aguirre se queja ante el rey de las que llama injusticias cometidas con los hombres que han ganado las Indias. Se desnaturaliza de su vasallaje y declara guerra sin término a los hombres del rey.

Era inevitable el enfrentamiento abierto o tácito entre el hecho creado por la conquista y las pretensiones generosas de las Leyes de Indias, lo que no era otra cosa que el conflicto inevitable entre dos concepciones opuestas. La visión española de los funcionarios del rey y la visión americana y local de los conquistadores y sus descendientes.

Sobre el fondo de este enfrentamiento aparecen pronto o simultáneamente otros. El del conquistador con el evangelizador. Los frailes heroicos de aquella primera hora no sólo ven con horror las crueles realidades del proceso de dominación y explotación, sino que lo denuncian y condenan de la manera más enérgica. En sermones, en prédicas, en amenazas de excomunión atacan a los conquistadores por la manera como tratan a los indígenas. El caso más conocido y admirable en su tenacidad es el de fray Bartolomé de Las Casas. En su apasionada defensa de los indios, Las Casas llega a condenar la conquista. Semejante prédica irrita a los hombres de poder. Surge un debate, que va a revestir muchas formas, desde el escrito hasta la violencia entre aquellas dos maneras opuestas de entender el destino de las nuevas tierras. Lo que está en el fondo es la idea fundamental de si los españoles tienen el derecho de conquistar las Indias y someter a los naturales. El eco va a magnificarse y a alcanzar su máxima expresión en el debate de Las Casas con Sepúlveda y en los conceptos del padre Vitoria y, por otra parte, determina la larga serie de ensayos para crear otro tipo de sociedad en América, distinta radicalmente de la europea. No había manera de entenderse sobre lo que había que hacer en aquella nueva situación. Ese conflicto tampoco se resuelve y va a perdurar, en muchas formas, hasta la época moderna.

Se alzaban los españoles, pero también y de manera más permanente los indios y los negros. Cada uno dentro de una visión diferente. A comienzos del siglo XVI un esclavo africano llamado Miguel, que trabajaba en las minas de oro de Buria, en el occidente de Venezuela, se alza, mata y hace huir a los españoles y se proclama rey. Forma una curiosa corte en la que se mezclan reminiscencias de la realeza castellana y formas tribales africanas. ¿A cuál mundo pertenecían el rey Miguel y su transitorio reinado?

Podría hacerse una larga y pintoresca crónica de la extensa serie de las insurrecciones, a todo lo largo del período colonial, pero cuando se presenta más clara y reveladora la extraña mezcla de influencias es en el siglo XVIII. Se podría contar una reveladora historia sobre la penetración de las ideas de la Ilustración en el nuevo continente y sobre las muy diversas formas de interpretación y adaptación que reciben, según los tiempos y las circunstancias.

Hubo además del prestigio de las nuevas ideas toda una literatura europea destinada a interpretar el fenómeno americano. En general estaba mal informada y no conocía ni podía interpretar aquella difícil realidad. Pero por un curioso fenómeno de sugestión literaria los criollos empezaron a mirar su confusa circunstancia histórica con los ojos no muy claros y con la escasa información del abate Raynal y del muy escuchado de Paw.

Como bajo una alucinación aquellos criollos sumergidos por generaciones en una circunstancia muy caracterizada y peculiar comenzaron a verla con la visión desenfocada de Raynal y de Paw. Ninguno de esos «philosophes» había estado nunca en América y no tenían sobre ella sino noticias de segunda mano en las que abundaba el eco de Las Casas. Son libros típicos de la mentalidad de la Ilustración. Ambos se publican antes de la Revolución Francesa y son leídos ávidamente y citados como autoridad suprema. Poco importa que muchas de las cosas que afirman no correspondan en nada con los hechos ciertos. Con la noticia de los negros, blancos y de los hermafroditas de la Florida, darán por buena la afirmación de que la colonización española significó el exterminio de millones de indígenas y por ver lo que los rodeaba como «un mundo trastornado por la crueldad, la avaricia y la insaciabilidad de los europeos». De Paw se propone «sacar alguna luz de tanta tiniebla». Lo curioso es que quienes no estaban en la tiniebla sino en la plena luz de la experiencia cotidiana terminaron por adoptar las nociones que aquellas obras divulgaban.

No es de extrañar que se agudice la situación conflictiva que existía en el nuevo continente entre los distintos núcleos culturales y raciales. La independencia de los Estados Unidos vino a añadir la arrolladora elocuencia de su ejemplo. Era posible establecer una república libre e igualitaria en una antigua colonia de europeos. No se percataban de que lo que ocurrió en Norteamérica mucho más que una revolución fue una ruptura. No hubo innovación social sino un corte de la dependencia superior de la corona británica, para continuar dentro de las mismas instituciones representativas y democráticas que habían existido por largo tiempo entre ellos. El caso de las colonias españolas era dramáticamente distinto y no existía en ellas ningún antecedente de instituciones representativas, ni de libertad y menos de igualdad. Se trataba, en efecto, de la riesgosa operación de trasplantar un árbol a un suelo y a un clima distintos. Sin embargo, la vieja pugna soterrada va a encontrar un inesperado y poderoso estímulo en aquellas ideologías extrañas.

La insurrección va a surgir con distintos pretextos. Algunas veces, como en el caso de Túpac Amaru, en el Perú, se pretende resucitar el imperio de los incas pero con una curiosa incorporación de ideas políticas de la Ilustración. El pretendiente Inca decreta la libertad de los esclavos y usa expresiones de indudable origen revolucionario.

Esa heterogénea combinación de motivos no se detiene allí. En las rebeliones de la zona andina, junto con la proclamación de la libertad e igualdad de la moderna revolución occidental, va a aparecer frecuentemente la invocación de un retorno en alguna forma al pasado mítico de la América precolombina. Su último eco se encuentra en Miranda. El gran precursor que participa en la guerra de Independencia de los Estados Unidos y en la Revolución Francesa como jefe de ejércitos, cuando imagina el porvenir de su América la proyecta unificada, bajo un nuevo nombre significativo: Colombia, y con dos Incas, simbólicos y reales, a la cabeza de un gobierno que pretendía copiar la monarquía inglesa.

Los alzamientos de los comuneros de la Nueva Granada y de parte de Venezuela, que ocurren antes de 1789, protestan contra los impuestos y el mal gobierno local. Quieren deponer a las autoridades coloniales pero dan vivas al rey. Mucho más tarde, en 1810, la revolución de Independencia se inicia en Caracas deponiendo al gobernador y capitán general pero protestando su lealtad a Fernando VII.

La primera constitución hispanoamericana es la que se promulga en Venezuela en 1811. Establece la igualdad, los derechos del hombre y la libertad irrestricta. Más tarde se revelará trágicamente la incompatibilidad de esas instituciones con la realidad histórica y social. Lo que brota en el largo y cruento proceso de la guerra de Independencia que durará, en su faz guerrera, más de quince años, es la presencia explosiva de los viejos resentimientos. La ideología trata de cubrir, sin eliminarlo, el viejo problema social.

Bolívar, con su aguda penetración, se da cuenta de aquella peligrosa antinomia que amenaza con la destrucción total. Desde 1812, cuando fracasa el ensayo inicial de Venezuela, llama a aquellas instituciones sin raíz «repúblicas aéreas». A partir de 1814, se desata en Venezuela una verdadera insurrección popular, destructiva y sangrienta, que amenaza con borrar hasta los vestigios de la organización social. Los iniciadores de la revolución pertenecían en su mayoría a las clases altas y educadas que participaban fervorosamente de las nuevas ideas. La masa rural y, en particular, las hordas nómadas de llaneros se fueron detrás de un español consustanciado con el medio, aquel extraordinario personaje que se llamó Boves, y acabaron con la frágil fachada republicana. Millares de criollos que mataban, saqueaban e incendiaban en nombre del rey. Más tarde cuando después de heroicos esfuerzos los caudillos patriotas lograron avanzar en el camino de la victoria final, Bolívar, que no había olvidado la dura lección, dijo en Angostura: «¿No sería difícil aplicar a España el Código de Libertad Política de Inglaterra? Pues aún es más difícil adoptar en Venezuela las Leyes del Norte de América».

Ya para 1825, después de la victoria de Ayacucho, llega al Perú Simón Rodríguez a encontrar al Libertador, su viejo maestro y amigo que había permanecido en Europa por todo el tiempo de la guerra. Conocía las difíciles condiciones de aquella inmensa empresa de libertad y democracia y no se le ocultaba su fragilidad. El poder real no estaba en las instituciones democráticas sino en las manos de los nuevos caudillos. Su propuesta es radical. No había republicanos para formar y asentar la república más allá de la letra muerta de las constituciones. Se necesitaba forjar los republicanos y es lo que él propone por medio del más visionario y audaz plan de educación. Propone recoger los niños pobres para formarlos para el trabajo productivo y la democracia en institutos de educación concebidos de una manera enteramente nueva. Los educandos, junto con la instrucción en ciencias, aprenderán oficios útiles y se habituarán a un sistema de discusión, libertad responsable y respeto. Para que haya república hay que romper tajantemente con el pasado. Sacar los niños de la influencia familiar para cortar la tradición del espíritu de la colonia. Como él lo decía en sus propias palabras, se trataba de «declarar la nación en noviciado». Lo que Rodríguez se propone es cortar la historia para que se pueda crear un nuevo tiempo. En este sentido es un precursor de los regímenes utópicos de nuestro tiempo que se han empeñado en crear un hombre nuevo. Al empeño de volver en alguna forma al pasado indígena, o al de crear una república sobre el modelo de Filadelfia, Rodríguez añade su asombrosa visión precursora sobre la necesidad de formar un nuevo hombre que pueda amar y sostener las nuevas instituciones.

Ninguna de estas visiones, que incidían en muchas formas sobre la realidad, podía asombrar a aquellos hombres que vivían entre la realidad mal aceptada y conocida y la utopía. Rodríguez tuvo por compañero, en sus largos años del París postrevolucionario, a aquel inverosímil y estrafalario fray Servando Teresa de Mier, que llegó a sostener con toda convicción y con las más peregrinas pruebas que el cristianismo había llegado al nuevo continente mucho antes que los españoles, pues el dios indígena Quetzalcóatl no era otra persona que el propio apóstol Santo Tomás, enviado milagrosamente por Cristo para anunciar el evangelio a aquella vasta y desconocida porción de la humanidad.

Estrechamente mezclada con la ansiosa lucha por la democracia surge la idea federal. El modelo norteamericano era federal, pero aquel federalismo que correspondía a situaciones históricas reconocibles y reales, no hallaba base de sustentación en el pasado centralista de las jurisdicciones tradicionales del imperio español. Se intentó, al comienzo, la copia ingenua del ejemplo norteamericano. Los hombres que proclaman la independencia de Venezuela, la establecen dentro de un régimen federal que nunca había existido en el país y para el que no había justificación histórica alguna. Fracasó inevitablemente. Sin embargo, la ilusión no muere. En todas las nuevas naciones se va a luchar encarnizadamente por el federalismo, desde México hasta la Argentina. Poco tenían que ver aquellas proclamaciones ideales con la efectividad del orden existente. Bajo el nombre de federal, que debía ser sinónimo de democracia, se cobijaron toda suerte de regímenes, más o menos de hecho, que iban del endeble ensayo de Caracas hasta la «Santa Federación» de Rosas, que asentó por largo tiempo su dura mano sobre aquella región agitada y convulsa después de la supresión del aparato administrativo colonial.

Si pasáramos revista a las constituciones, frecuentes y muy parecidas, que las naciones hispanoamericanas adoptaron a todo lo largo del siglo XIX, encontraríamos, para sorpresa nuestra, que a pesar de que lo que predominó en casi todas partes fue la dictadura caudillista, las constituciones no alteraron en nada su idealista lenguaje liberal y republicano. No hubo instituciones dictatoriales, el ideal democrático nunca fue negado ni reemplazado aun en los más duros regímenes personalistas.

Esa curiosa situación es digna de ser vista con algún detenimiento. Era acaso un simple fetichismo por un inalcanzable ideal político, era la aceptación de un inconciliable divorcio entre la situación efectiva y los ideales o era un aspecto nuevo del viejo nominalismo de la colonización. La cosa y el nombre no tenían por qué corresponder, pertenecían a dos esferas distintas pero, en alguna forma, mágicamente vinculadas. No era otra cosa llamar a una ranchería Nueva Cádiz o Nueva Segovia, ni tampoco lo era fundar una ciudad, trazar sus inexistentes calles y plazas sobre el yermo desnudo, y designar entre los vecinos de la ranchería a los miembros del cabildo, cuando todavía, y acaso por largo tiempo, no había ni vestigio de lo que un europeo llamaba una ciudad. Gran parte de las Leyes de Indias son inaplicables y son elocuentes ejemplos de este nominalismo ciego. El visionario es, precisamente, quien no ve lo que está ante él sino lo que proyecta desde su mente.

El rico y confuso paisaje mental que se produce en América puede seguirse a través de algunas palabras que, como botellas al mar, flotan señalando las corrientes profundas.

Godos

Una de esas palabras es *godo*. A través de su proteica transformación semántica se puede detectar el vaivén de tendencias y concepciones que han agitado y agitan a ese mundo.

Aquellos que para Don Quijote eran: «los de hierro vestidos, reliquias de la sangre goda», en su delirante visión de los carneros, dándole al vocablo su tradicional significación de nobleza de origen y preeminencia social, conserva el mismo significado en los escritores del siglo XVIII en España, para convertirse en boca de Feijoo en cognomento satírico, de antigualla: «hombre del tiempo de los godos», de retrasados con respecto a lo moderno, «¿qué dirían, si no que los españoles somos Cymbrios, Lombardos y Godos?».

Ese viejo nombre va a sufrir en América significativos cambios. En lo más sangriento de las guerras civiles del siglo XIX se oye el grito, casi anacrónico, de «mueran los godos».

¿Quiénes habían llegado a ser esos godos tan detestados y repudiados por las montoneras armadas? Al comienzo de la lucha por la Independencia eran llamados godos los españoles y sus partidarios en oposición a los que luchaban por la libertad política. Pero la línea de separación nunca fue clara. Los godos que comenzaron siendo los enemigos de la Independencia, terminaron siendo los contrarios de los liberales y federales de toda pinta.

Cuando en los primeros tiempos de la guerra, en Venezuela, surge esa extraña y turbadora figura de Boves la palabra cambia de significación. Boves, asturiano hecho llanero por el gusto y el tiempo, se pone a la cabeza de una numerosa tropa sin disciplina y sin ley, que a sangre y lanza entra en los poblados para matar y destruir en nombre del rey. Era una masa popular amorfa que, bajo Boves, se lanza incontenible contra los jefes de la Independencia hasta derrotar finalmente a Bolívar en 1814. No era un oficial regular del ejército sino un jefe natural de aquella inmensa montonera de jinetes salvajes que se desborda sobre la parte más civilizada de aquella República incipiente. ¿Contra quiénes luchaban aquellas hordas temibles y a favor de quiénes estaban? Invocaban, ciertamente, su fidelidad bastante remota al rey nunca visto, y su odio a los llamados patriotas, pero en realidad no pertenecían a las fuerzas españolas, a las que nunca llegaron a estar incorporadas efectivamente, y a cuyo supremo comando tributaban apenas un acatamiento de pura fórmula, ni estaban contra una ideología política. Decididamente combatían sin descanso contra los que ellos llamaban los *godos*, que no eran otros que los criollos representantes de una vida urbana. No pocas veces llegaron a proclamar: «Mueran los blancos, los ricos y los que saben leer». ¿Cómo definir lo que se enfrentaba en esa turbia lucha? No era ciertamente la defensa del Estado español, ni menos la de una autonomía republicana al uso de los patriotas. Era una especie de espontánea insurrección popular contra los que parecían estar por encima de ellos. Nadie sabe lo que hubiera podido ocurrir si Boves triunfa. Juan Vicente González, con inmensa penetración, lo llamó «el primer jefe de la democracia venezolana».

Su estilo y su forma de lucha va a sobrevivir por largo tiempo en los caudillos criollos. Los caudillos, llámense Rosas, Facundo, Artigas o Páez y sus sucesores van a proclamarse liberales y federales. Sarmiento, con poco acierto, los llamará bárbaros. Representaban para él la barbarie. ¿Qué clase de barbarie frente a las formas externas de una pretendida civilización a la europea que se refugiaba en las ciudades? El caso de Páez es muy revelador. Surge en la guerra de Independencia como una legendaria figura heroica, lucha entonces contra los godos, que eran los peninsulares y sus partidarios criollos. Más tarde, muerto Bolívar y convertido en el jefe indiscutido del país, el general Páez se convierte fatalmente en el jefe de la parte más civilizada de la población y pasa a ser, para sus enemigos, el más poderoso de los godos.

Frente a él, paradójicamente, comenzará la propaganda liberal, para denunciarlo como oligarca y jefe de los godos, de la «godarria» como dirá el habla popular. De esa nueva división van a surgir largos años de destructora guerra civil contra los godos o contra los federales.

Los liberales fueron insurgentes, sin duda, pero los godos también lo fueron. Todos los movimientos caudillistas de origen rural se levantaron contra el predominio de los terratenientes tradicionales, los letrados de la ciudad, los comerciantes y los prestamistas.

Lo que comenzó siendo un apelativo para los llamados serviles termina significando una designación del «establishment» de cada momento. Por un proceso continuo los insurgentes de ayer terminan siendo godos para los nuevos insurgentes.

El escenario peculiar no cambia con el predominio aparente de las nuevas ideologías aprendidas de Occidente y proclamadas superficialmente. Siempre habrá godos contra quienes luchar en nombre del liberalismo o del federalismo y más tarde del marxismo y hasta del maoísmo.

Es fascinante tratar de ubicar una figura como la del Che Guevara dentro de este marco general de referencia. Pertenece, ciertamente, a la raza de los insurgentes, tan variable y tan fértil, pero es al mismo tiempo el heredero indudable de la figura del caudillo rural. Algún día, de haber vivido, hubiera llegado a ser el godo de alguien.

En verdad, lo que parece en este panorama difícil de precisar, es el permanente trasfondo de las contradicciones culturales y las superpuestas y encontradas visiones. Visionario fue Colón y su visionarismo marcó todo el futuro del nuevo continente, pero visionarios lo fueron también los hombres de la Independencia, los caudillos de la montonera, los ideólogos de las ciudades, y todos los que en una u otra forma fueron insurgentes, en nombre de una idea o de una creencia.

La visión literaria

Tiempo les ha tomado a los hispanoamericanos darse cuenta cabal de esa peculiar situación. Por siglos, hasta ayer, se creyeron europeos y trataron de pasar por tales en todas las formas imaginables. La imitación del modelo ultramarino fue la regla, primero el de España, más tarde el de Francia, un poco el de Inglaterra y, en nuestros días, consciente o inconscientemente, el de los Estados Unidos.

La literatura es el mejor reflejo de esa curiosa situación. Por mucho tiempo los escritores americanos vieron su realidad social y natural con ojos europeos. La literatura del siglo XIX refleja esa situación. Simón Rodríguez insurge contra ella y proclama la necesidad de ser originales: «O inventamos o erramos». Andrés Bello, en 1823, aún no concluida la guerra de Independencia, escribe en Londres la primera parte de un largo poema que proyectaba sobre América y del que no realizó sino fragmentos. Bajo el nombre de «Alocución a la poesía» invita a los poetas criollos a ser los Virgilios de una nueva realidad, a cantar la naturaleza americana, a no imitar los modelos europeos, a atreverse a ser originales. Es también la actitud que asume Sarmiento en «*Facundo*», que nunca hubiera podido ser escrito por un europeo y que refleja en su tema, en su estilo y en su concepción una nueva situación para el escritor.

Con todo ello la influencia europea siguió siendo dominante. El romanticismo inundó a América de imitaciones. El caso más patente es el de la «*Atala*» de Chateaubriand. El lagrimoso y dulzarrón idilio fue publicado en París en 1801. Basado en datos de segunda mano el autor francés pinta un paisaje falso, con unos protagonistas no menos falsos, una pareja de indios americanos, que se enamoran y sufren dentro de la más refinada convención sentimental del romanticismo.

Es casi inexplicable cómo esa visión, que nada tenía que ver con la realidad, influyó durante decenios en escritores latinoamericanos que conocían al indio verdadero y convivían con él. Todavía en 1879 Juan León Mera, escritor ecuatoriano, que vivía en una región de alta densidad de población indígena, deja de ver los indios ecuatorianos con sus propios ojos, olvida la experiencia existencial de toda su vida y proyecta sobre el vacío la visión falsa de Chateaubriand.

El reconocimiento de la riqueza potencial de aquella peculiaridad cultural que contenía la posibilidad de una nueva visión más rica, más compleja, más fiel y más original, tomó tiempo en alcanzarse.

El caso de Rubén Darío es ejemplar y aleccionador. Después del Modernismo la literatura hispanoamericana asume su potente y mal definida personalidad ante el mundo.

Darío, intuitivamente, nutrió su genio poético de aquellas peculiaridades. Tal vez pretendía ser un simbolista francés pero, afortunadamente para él, no podía serlo. Con un poder no sobrepasado de expresión y de sensibilidad tradujo en poesía incomparable la rica y confusa mezcla cultural en que se había formado. Era evidente que sólo un genuino americano podía escribir semejante poesía. El eco fue inmenso, equivalió al descubrimiento de una realidad que había permanecido oculta o rechazada por la moda europeizante. América, por primera vez, hallaba una expresión literaria propia y original. Lo revela el hecho de que, en palabras de Federico de Onís, «se cambiaron las tornas» y se produjo una importante y decisiva influencia literaria de América en España.

La veta que había hallado Darío fue seguida más tarde por los grandes novelistas del Nuevo Mundo. Estaban viendo su circunstancia con ojos nuevos y se asombraban de su potencial originalidad ante el mundo. Fue el caso que comenzó con el cuadrunvirato de Gallegos, Rivera, Güiraldes y Azuela. No era sino el magnífico comienzo de una prodigiosa revelación. Detrás vendrían los creadores de esa extraña mezcla de ficción, realidad y poesía que he llamado realismo mágico. Fue el caso insigne de Asturias, Carpentier y algunos otros que por los años 30 iniciaron un nuevo lenguaje y una nueva visión que no era otra cosa que la aceptación creadora de una vieja realidad oculta y menospreciada. De «Las leyendas de Guatemala» a «Los pasos perdidos» y a la larga serie de nuevos novelistas criollos hay un regreso, que más que regreso es un descubrimiento de la mal vista complejidad cultural de la América hispana.

Esa nueva revelación se desarrolla y diversifica en grandes escritores que van desde Borges hasta García Márquez. Nada ha inventado García Márquez, simplemente se atrevió a transcribir lo que diariamente había vivido en su existencia en la costa colombiana del Caribe. Esa transcripción estaba llena de profunda y original poesía. No se parecía a nada de lo escrito en Europa, simplemente por el hecho de que se estaba viendo la realidad americana con ojos sinceros y desprevenidos.

Macondo no es sino un caso ejemplar del vasto y vario mundo creado por la interacción ciega y fecunda de godos, insurgentes y visionarios.

No sería aventurado afirmar que más claro han visto la realidad hispanoamericana los novelistas y los artistas plásticos de nuestros días que los historiadores y ensayistas del pasado. Sobre estos últimos ha pesado mucho la dicotomía moral aplicada al pasado y las refracciones de imagen causadas por las ideologías.

No es que los creadores literarios y artísticos no sean igualmente visionarios, pero su visión, en los últimos años, brota de la aceptación de la realidad y de su transcripción en obra de arte. La distancia que hay entre García Márquez y Mariátegui, o los seguidores latinoamericanos de los grandes autores franceses, ingleses o norteamericanos, es abismal. Es abismal porque Macondo brota, casi espontáneamente, de una vivencia, y nada tiene que ver con ningún esquema ideológico o modelo de escuela, ni se propone demostrar nada.

Una mutación de Occidente

Del reconocimiento de la excepcional condición cultural de la América hispana debe partir toda concepción de su presente y su destino en todos los campos de la actividad humana, desde la creación literaria hasta la presencia ante el mundo.

No podríamos, y sería negativo, tratar de eliminar la herencia viviente de las visiones que nos vienen desde los orígenes mismos de esta sociedad *sui generis* sin comprender el precioso potencial de realidad y creación que nos viene del hecho múltiple y constante del mestizaje cultural. Es en esta condición donde hay que buscar la verdadera identidad y las posibilidades de todo género ante el presente y el futuro.

No van a desaparecer, revestidos de cualquiera de sus cambiantes formas, los godos, los insurgentes y los visionarios, y si desaparecieran faltaría el resorte que ha producido una realidad peculiar que le ha dado a ese mundo su fisonomía propia.

La América Latina, sin duda, representa una mutación, llena de posibilidades, de la civilización occidental. Por los valores fundamentales, las instituciones, el lenguaje, la creencia, es parte de Occidente, pero no es totalmente Occidente. Es como una inmensa frontera de Occidente, distinta y caracterizada por muchos rasgos propios, que es distinta igualmente de la presencia occidental en los continentes de colonización. La cultura occidental no se ha superpuesto en la América hispana a una vieja cultura propia, no se tiene lengua literaria distinta del español y el portugués, ni el sentimiento religioso general está ligado a otra creencia que no sea la cristiana, ni el universo ideológico y conceptual en que actúa es diferente del occidental. No es el caso de las poblaciones de África y de Asia, que sobre sus culturas milenarias han recibido, como un instrumento de comunicación y de progreso científico y técnico, lenguas e instituciones europeas, sin eliminar ni sustituir lo que tenían como propio.

En el mundo iberoamericano no hay una superposición de culturas distintas sino la fusión de varias de ellas que han terminado por crear un hecho cultural nuevo.

Esa misma circunstancia que la diferencia del Occidente europeo y norteamericano, sin negar su participación fundamental en esa herencia, le ofrece posibilidades excepcionales de futuro.

En primer lugar esa mutación occidental le permite una vinculación directa y efectiva con el llamado Tercer Mundo. No es occidentalizada, sino occidental de una condición diferente, pero esa misma característica le permite poder identificarse al mismo tiempo y sin rupturas, con el Tercer Mundo y con Occidente, lo que constituye una posición única y privilegiada.

En el grave y creciente conflicto que enfrenta en escala mundial al Norte con el Sur, la América Latina, por sus rasgos propios, es el puente natural entre los dos mundos y la mediadora irremplazable en la amenazante confrontación.

Pero también esa zona humana forma parte de una vasta y poderosa familia de naciones estrechamente unidas por la cultura y por la historia. Existe de hecho una comunidad iberoamericana que abarca la península ibérica, en Europa, y a los Estados iberoamericanos del nuevo continente. No hay otra comunidad comparable en el planeta. Hoy suma más de 300 millones de seres humanos, en contigüidad geográfica y en consanguinidad histórica. Para dentro de dos décadas sumará cerca de 600 millones. Será la más grande comunidad humana con unidad lingüística (portugués y español), con la misma cultura, con la misma historia y con las mismas posibilidades de futuro. Ninguna otra será más numerosa ni más potencialmente rica en recursos de todo género. Las demás comunidades culturales y lingüísticas fuera de la angloparlante no alcanzarán esos niveles.

Ha sido difícil y azarienta la evolución histórica de la América Latina. Anarquía, caudillismos de todo género, búsqueda desesperada de la identidad y del rumbo, ensayos distintos y hasta contradictorios de expresión propia, complejos de frustración, conflicto cultural, ambigua relación con Occidente y con las demás zonas culturales del mundo, continuo desajuste entre las visiones dominantes y la realidad subyacente, han caracterizado su existencia hasta hoy.

La aceptación de la peculiaridad histórica y cultural ha estado obstaculizada por prejuicios, imágenes irreales del pasado, proyectos y concepciones reduccionistas del futuro posible.

Es acaso ahora, después de la gran aventura de interpretación y sinceración que ha hecho la literatura propia, cuando por primera vez se dan las bases para una interpretación válida y abierta del hecho americano.

No sería posible entenderlo sin conocer las particularidades de los cinco siglos de historia propia, y la formación de un mundo *sui generis*. Tampoco lo será entrar fecundamente al porvenir sino partiendo de esas herencias vivas y actuantes.

Seguirá habiendo visionarios porque hay perentoria necesidad de ellos pero serán la continuación de los que ahora empiezan a ser los visionarios y videntes de la realidad y para la realidad.

LIBERALES Y LIBERTADORES

El bicentenario del nacimiento de Riego invita a una más amplia y completa consideración del vasto y mal conocido proceso histórico dentro del cual se produce la independencia de las antiguas provincias españolas en América.

Rafael del Riego nunca vino a América y, sin embargo, tipifica una situación bastante común en su tiempo, la del militar español ante las nuevas ideas de la Ilustración que se habían venido extendiendo por Europa desde mediados del siglo XVIII. Paul Hazard, en un estudio memorable, ha escrito con muy rica información lo que fue aquel fenómeno que significó una verdadera crisis de conciencia para Europa, cuando el hombre de deberes del Antiguo Régimen es paulatinamente sustituido por el hombre de derechos, cuando la razón sustituye a la fe en las concepciones de los pensadores.

Fue ciertamente una larga serie de cambios de mentalidad y aun de sentimiento que se fue extendiendo en las capas superiores, por la educación o por la posición social, de Occidente. Sus centros principales estuvieron situados en Londres y París, con importantes ramificaciones en Holanda y Suiza. De allí partieron las nuevas teorías de la sociedad y del hombre y la crítica mordaz y destructiva de los valores tradicionales. Se iba desde la sátira, hasta la falsa ciencia para sembrar la duda en las gentes curiosas de saber. Voltaire destruía, Rousseau proyectaba para un futuro utópico.

No sólo fortalecía y sembraba nuevas ideas aquel gran movimiento, sino que halagaba y justificaba viejos resentimientos sociales alimentados por la desigualdad y la injusticia generalizadas. La independencia de los Estados Unidos constituyó la muestra y el ejemplo de lo que había que hacer y de cómo se podían realizar en la práctica aquellos ideales que parecían tan inaccesibles.

El prestigio de los nuevos pensadores fue inmenso y se transformó en una revelación inapelable. Las sociedades secretas sirvieron, a su vez, de vehículo para la difusión de aquellas nociones inauditas y para fomentar conspiraciones e insurrecciones que implantaran aquel nuevo régimen para la felicidad de todos los hombres.

España no podía permanecer fuera de aquel gran movimiento renovador. Estaba muy estrechamente vinculada a Francia por la vecindad, por la historia y por la nueva dinastía de los Borbones. De una manera progresiva las nuevas ideas y los autores clandestinos lograron penetrar y conquistaron muchas adhesiones entusiastas entre los intelectuales y, aun, entre la aristocracia y los cortesanos. En la lucha por la Independencia de los Estados Unidos participaron fuerzas españolas que por primera vez iban a la guerra en defensa de un régimen democrático.

El poder y atractivo de la novísima ideología no se limitó a los intelectuales sino que inevitablemente llegó a sectores más numerosos y apareció en el seno de las fuerzas armadas. Esta situación nos la revela un testigo excepcional que es Francisco de Miranda. Miranda llega a España en 1771 para enrolarse muy pronto en el ejército donde alcanza el grado de capitán. Venía de la aislada y remota Caracas y era España el primer país europeo que va a conocer. Era un ser lleno de avidez intelectual y de inagotable curiosidad. No tardó en ponerse en contacto con gentes y con libros subversivos. Diez años después de haber llegado, y sin conocer todavía ninguna otra nación europea, ha reunido una importante biblioteca que los censores de su tiempo no hubieran podido calificar de otro modo que como de alta peligrosidad para el orden establecido. La lista de aquellos libros demuestra, palmariamente, que un oficial subalterno del ejército español de aquel tiempo podía leer la literatura más revolucionaria y crítica del Enciclopedismo, que era la semilla de la revolución. Allí figuran desde Voltaire y Diderot, hasta Montesquieu, D'Alembert, Buffon y Raynal, sin que faltara, desde luego, Rousseau. También sabemos, por los papeles de su archivo, que ya para esa hora se había afiliado a una logia masónica. Sin embargo, nada de eso parece haberle causado inconvenientes con sus iguales y superiores.

El detonante que va a precipitar todo este latente conflicto en España y en todo su ámbito político, peninsular y americano, lo constituyen los inesperados sucesos de 1808: el motín de Aranjuez, las abdicaciones sucesivas de los reyes, el cautiverio de Bayona, la invasión napoleónica y la imposición, como rey, de José Bonaparte.

Este inesperado acontecimiento desata una serie de desarrollos que van a definir la vida española por todo el siglo XIX y, evidentemente, más allá.

No hay que olvidar que Napoleón, con todo, representaba muchas de las conquistas políticas de la Revolución. Lo que se propone no es mantener, por medio de su hermano, el tradicional absolutismo de la monarquía española, sino instaurar un régimen constitucional, con unas Cortes de elección popular, con proclamación de los derechos del hombre y con un rey constitucional, limitado en su acción por una representación nacional.

Muchos españoles, para mal de ellos, vieron con buenos ojos esta novedad. Significaba, según ellos, la única posibilidad de instaurar un régimen democrático en el viejo país y de lograr una radical modificación de sus instituciones y de su estructura social y política. El espontáneo rechazo que el pueblo hizo de esta intromisión, que desembocó en una larga guerra sangrienta, cambió dramáticamente las perspectivas. Los que habían creído que José Bonaparte podía ser el instrumento eficaz para la modernización de aquel Estado decrépito se vieron colocados, por el rechazo general, en una situación casi de traidores. Fueron los infortunados «afrancesados», que tan duramente pagaron su ilusionada equivocación. Lo que quedó del otro lado, en unión con la insurrección popular, fue una mezcla detonante de partidarios del antiguo régimen y de la restauración del absolutismo en la persona de Fernando VII y de los partidarios de las nuevas ideas, que no podían mantener entre sí sino una tregua transitoria.

Muchos militares simpatizaron abiertamente con las fórmulas políticas avanzadas, que tenían como supuesto mínimo el establecimiento de una monarquía constitucional.

Sabemos bien lo que ocurrió después. La suerte variable de la lucha, la intervención inglesa, la constitución de las Juntas y, por último, la reunión de las Cortes de Cádiz.

El contacto estrecho, en el campamento y en la vida cotidiana, con los ingleses sirvió de caldo de cultivo para que se extendiera el contagio de los nuevos principios. Los ingleses representaban una monarquía constitucional, respetaban los derechos fundamentales del hombre y participaban activamente en sociedades secretas, particularmente la francmasonería.

El caso de Riego tipifica la trayectoria de muchos otros militares que lucharon contra la invasión francesa. Querían rechazar al invasor armado, pero no para restaurar el absolutismo servil.

El joven Riego se incorpora a la guerra, entra en un nuevo ambiente popular e ilustrado al mismo tiempo, conoce los ideales de la Gran Revolución, cae prisionero de los franceses, pasa años en Francia e Inglaterra y cuando regresa a España, después de la guerra, se reincorpora al ejército.

Esa trayectoria se repite de un modo muy parecido en otros militares. Van a ser partidarios de la monarquía constitucional, masones y amigos del pueblo. La trayectoria se repite en el caso más famoso de todos, por sus consecuencias, que fue el de Espartero, para no nombrar a los generales La Serna, Canterac, Morillo, Rodil, Monet, Valdés y tantos otros.

La figura señera de San Martín recorre la misma secuencia de hechos e influencias: servir en el ejército español, abrirse a las ideas de la Ilustración, participar en la resistencia armada contra los franceses y repudiar la vuelta del absolutismo fernandino.

Cuando la guerra de la independencia hispanoamericana estalla, a partir de 1812, España está en lo más profundo de su crisis política y social. No está en capacidad de mandar ejércitos numerosos a combatir a los insurgentes y tampoco muestra la voluntad de destruirlos y aniquilarlos. Hombres como Espartero o como Riego, no podían ver con odio lo que intentaban hacer

aquellos otros guerreros tan parecidos a ellos. Las ideas
que los insurgentes sostienen son las mismas de ellos.
Las Cortes de Cádiz han proclamado un régimen constitucional que reconoce a los americanos la posibilidad
de la igualdad con los peninsulares. La inevitable y trágica división entre absolutistas y constitucionales, o entre
serviles y liberales, se extiende al nuevo continente.
Existen allí serviles, o «godos», defensores del absolutismo y el pasado, y liberales insurgentes que reprodu-
cen el mismo antagonismo que se da en España.

Los separatistas de Caracas, en 1810, han actuado
dentro del mismo patrón de las Juntas españolas. Han
desconocido al rey usurpador y han invocado razones
muy valiosas que es necesario comprender en toda su
significación. Se ha roto, alegan, el vínculo que los unía
y sujetaba al rey de Castilla, que lo era también de todos los reinos de España y de las provincias americanas.
Ese vínculo era personal y directo, y se estableció solemnemente por Carlos V. No era transferible y no era
con el Estado español, sino con la persona misma del
monarca legítimo. Desaparecido éste por una usurpación, el vínculo quedaba roto.

Es lo que sienten los hombres de las Juntas españolas y lo que expresan los Cabildos revolucionarios de
América.

La lucha fundamental no es contra liberales insurrectos en América contra la usurpación y el absolutismo,
sino contra los serviles de adentro y de allende los mares. Se sentían más irreconciliables con los partidarios
del absolutismo que con los libertadores americanos,
que eran gente con la que compartían esperanzas y sentimientos.

El regreso del rey a España significó el repudio de
la Constitución de 1812 y de todo cuanto habían creído
lograr los liberales. Se restauraba el absolutismo en pleno y triunfaban los detestados «serviles».

Para Riego, como para muchos de los militares con-
centrados en el sur de Andalucía para venir a América
a sofocar la rebelión de independencia, que proclamaba
los mismos principios de los hombres de Cádiz, la cuestión inmediata de mayor monta era derrotar a los serviles y retomar el rumbo liberal. Aquella poderosa con-

centración de tropas brindaba la tentadora oportunidad de lograrlo. Había que resolver primero el problema político de España para entrar luego a considerar lo que se podía hacer con los insurgentes americanos. Esto fue lo que hizo Riego en 1820 al insurreccionar aquellas fuerzas para servir de base decisiva a un retorno de España al régimen liberal.

Sentirse más cerca de los insurgentes americanos que de los absolutistas metropolitanos, fue una actitud no poco común entre los militares activos. Tenemos ,el caso revelado del general Mariano de Renovales, de convicciones liberales, que salido de la España reaccionaria le escribe a Bolívar en 1817, ofreciéndole su espada y la de muchos de sus compañeros para luchar por la independencia. En significativa carta el distinguido general que se había batido contra la invasión napoleónica dice, desde Londres donde se hallaba, frases y conceptos que iluminan de una luz nueva el carácter de aquella lucha. Habla de combatir «contra nuestro común tirano» y explica las razones por las cuales no hace distinción entre la lucha que se libra en América y la que está latente en España: «en esta mi decidida resolución nada se ha mudado sino el campo de batalla, mis banderas y mis enemigos son siempre los mismos, mis enemigos son todos los que apoyan el despotismo español y mis banderas las que se tremolan por la causa de la libertad».

El eco que los sucesos españoles provocaron en América revela claramente el sentido que para los libertadores tuvo la insurrección de Riego. La interpretaban como un cambio definitivo de la situación dentro de la cual habían luchado hasta ese momento y el surgimiento de otra distinta y opuesta, por medio de la cual podía lograrse una solución incruenta y justa de su aspiración a la Independencia. Ya no iban a enfrentarse al cerrado absolutismo fernandino, sino que se abría una inesperada oportunidad para el diálogo entre quienes compartían las mismas aspiraciones políticas.

«El Correo del Orinoco», la publicación periódica que Bolívar funda en Angostura en 1818 para servir de fuente de información y de arma intelectual en la guerra, refleja de un modo fascinante la manera como ese acontecimiento fue visto por los libertadores. Ya desde su primer número, en junio de 1818, habían declarado que «se pelea contra el monopolio y el despotismo, por la libertad del comercio universal y por los derechos del mundo». En esa misma nota se dirige a los súbditos del rey: «Españoles de la península: Vuestro Gobierno es vuestro verdadero enemigo. Nosotros, por el contrario, somos vuestros amigos naturales... Amenazados de los mismos males, víctimas de la misma opresión y de la misma tiranía, ¿por qué no nos unimos de una vez, por qué no nos abrazamos y somos todos libres y nos volvemos a llamar hermanos?»

Las primeras noticias del alzamiento aparecen en el número del 18 de marzo de 1820. En sucesivas ediciones irán informando de los sucesos y reproducirán algunos documentos y proclamas de los insurrectos. Debió impresionarles mucho el estrecho parecido de aquellas frases y conceptos con los que ellos habían venido usando desde el primer momento de la lucha. En las proclamas del General Quiroga podían leerse frases como las siguientes: «Estabais destinados a la muerte, no para realizar la conquista, ya imposible, de América...», se califica la guerra en el Nuevo Mundo como «impía, impolítica y fratricida», para finalmente definirla como «una guerra tan asoladora, como injusta y ridícula».

Las páginas del «Correo» reflejan un espíritu de contento y esperanza. Les parece que va a ser posible la reconciliación, con el reconocimiento de la Independencia, aun más, les parece inevitable.

Era evidente la falta de convicción y entusiasmo entre los jefes españoles en América, para combatir decisivamente a los hombres que representaban ideas que ellos compartían. Lo que había habido en España hasta esa hora había sido un estado de guerra civil, larvada o abierta, entre constitucionales y «serviles». Lo que pasa en América representa otra faz del mismo enfrentamiento. Era difícil para hombres como Morillo o La Serna, mirar como enemigos mortales los patriotas americanos.

Basta leer la correspondencia de Morillo para advertir claramente la sincera simpatía con que veía a los libertadores. La famosa entrevista que tuvo con Bolívar, después del movimiento de Riego y la restauración del régimen constitucional, revela y pone en evidencia la simpatía que animaba a los hombres de los dos bandos. Habían ya acordado un armisticio y un acuerdo de regularización de la guerra, pero todos aspiraban a más, a lo que podía llegar a ser la reconciliación definitiva de los libertadores americanos con los liberales de España, para una nueva forma de unión entre una España liberal y una América independiente.

En aquella ocasión los sentimientos privaron sobre las apariencias y las actitudes convencionales. Se abrazaron, derramaron lágrimas y condenaron la guerra y la lucha armada. Era la aparición elocuente de una realidad histórica y social subyacente. No era España, a los ojos de los libertadores, una potencia extranjera que había venido a sojuzgar su país y a imponerle una cultura extraña. Los americanos se consideraban tan españoles como los peninsulares y su relación con la corona no era menor ni diferente a la que tenían con ella los distintos reinos de la península. Lo que ocurría en España para entonces, era una guerra civil, y lo que ocurrió en América fue el traslado y la continuación de ese mismo conflicto, entre la misma gente, en otro escenario geográfico. La mayor dificultad con la que tropezó Bolívar en los comienzos no fue otra que la de darle un carácter nacional a la guerra contra el régimen. Durante todo el primer tiempo fue predominantemente una guerra civil. Eran mayoritariamente venezolanos los que peleaban en uno y otro bando. Boves venció a los libertadores a la cabeza de un ejército de lanceros de las llanuras del Orinoco y hasta casi el final de la larga lucha se mezclaron americanos y españoles en los dos bandos. No eran ya para ellos españoles y americanos, sino «godos», que comprendían a todos los partidarios del antiguo régimen, y patriotas, que aspiraban a otro distinto basado en la democracia y los derechos del hombre. De lado y lado los sucesos de 1820 anunciaban la posibilidad cierta de una solución pacífica, que se frustró por la situación política de España en esa hora y desapareció definitivamente con la intervención de la Santa Alianza y la restauración por la fuerza del absolutismo fernandino.

Esos sucesos finales acabaron de internacionalizar el conflicto americano. Los enemigos de la Santa Alianza no podían permitir que la España incorporada a ella y a sus principios retrógrados pudiera conservar el dominio de América. Inglaterra se decidió activamente a apoyar a los partidarios de la Independencia y los Estados Unidos proclamaron la Doctrina de Monroe, que cerraba cualquier posibilidad de restaurar el imperio español.

El lamentable desenlace del Trienio Liberal y de las grandes esperanzas que hizo nacer, a una y otra ribera del océano, tuvo sus consecuencias en esa tan larga lucha.

Durante toda la campaña del Perú es visible la división entre constitucionales y «serviles», que remata finalmente en la disidencia abierta del general Olañeta, en vísperas de Ayacucho. Había simpatía de parte de La Serna y de sus generales por Bolívar y su causa. La batalla de Ayacucho misma es un elocuente ejemplo de este estado de ánimo. Dos cosas insólitas ocurren en ella. Primero el caso, único en los anales guerreros, de que formados los dos ejércitos en orden de batalla, momentos antes de iniciarse el combate, oficiales españoles y americanos salieran de las filas para abrazarse en presencia de las dos fuerzas. El general Monet, acompañado de otros oficiales se abrazó con el general Córdova y así lo hicieron otros. Luego se dio el caso, igualmente insólito, que después de una victoria decisiva, el general Sucre le ofreciera a los restos del ejército español la oferta de una capitulación, que les asegurara muchas concesiones de respeto y seguridad, como sólo hubiera podido justificarse antes de una batalla, precisamente para evitarla. La correspondencia posterior de La Serna con Bolívar confirma esta actitud.

Muchos de estos jefes, a su regreso a España, se convirtieron en los más decididos soportes del régimen liberal, con María Cristina contra los carlistas, como fue el caso de Espartero y de no pocos otros, a quienes los malquerientes políticos dieron el significativo cognomento de «los yacuchos».

Cuando se considera este largo y casi uniforme ciclo de grandes sucesos no puede uno menos que advertir que por debajo y más profundamente de lo que advierte la historiografía superficial, que se regodea en los sucesos y en las palabras sin penetrar en el meollo de su verdadera significación, que el cruento y complejo proceso que parece iniciarse en España, con los acontecimientos de 1808, tuvo antecedentes y consecuencias, y es la manifestación de un cambio de mentalidades y circunstancias que tiene raíces europeas y que se extiende a la comunidad de las naciones hispánicas.

La crisis que estalla, visiblemente, a partir del motín de Aranjuez hasta la resistencia contra la invasión napoleónica estaba planteada en España desde la época de Carlos III y formaba parte del inmenso cambio revolucionario e ideológico que transformó la faz del mundo y que tuvo su punto culminante en la Revolución Francesa.

Sólo dentro de ese marco es posible entender lo que en esos años ocurrió en España y en la América española. Se había creado un cisma, un antagonismo mental irreconciliable, entre las concepciones sociales y políticas del Antiguo Régimen y las aspiraciones hacia la libertad que penetraban todas las capas sociales.

Era la llegada al mundo hispánico, y la expresión dentro de sus peculiaridades de la gran crisis de conciencia de la que brotó el largo y no cerrado tiempo de las revoluciones.

No puede entender el vasto y significativo proceso quien lo ve simplemente como una consecuencia de la invasión francesa a la Península en 1808 o de la decisión de los criollos de terminar con la dominación española. Desde fines del siglo XVIII, y acaso antes, habían venido formándose dos Españas opuestas en lo ideológico y en lo político. Dos visiones nacionales antagónicas. Lo mismo ocurría en las tierras americanas. Se aspiraba a un nuevo orden, al progreso de Las Luces, a la realización del modelo norteamericano y a la adopción de las instituciones liberales. No fue una lucha de América contra España, de unos pueblos coloniales sometidos por la fuerza a una potencia extraña, como fue el caso de la descolonización reciente en África y en Asia. Eran la misma gente, con la misma lengua y la misma cultura que constituían una comunidad *sui generis* a ambos lados del océano. Había diferencias pero acaso no más grandes que las que las lenguas y las historias regionales crearon dentro de España. En ambos escenarios la lucha fue esencialmente la misma, contra los mismos enemigos y con los mismos objetivos. El proceso que dio nacimiento al movimiento liberal en la Península es el mismo que anima y justifica la insurrección americana. Entre liberales y libertadores no había diferencia de causa, ni de ideales. La causa que los movía era fundamentalmente la misma. El lenguaje de los liberales de Cádiz y de Riego es el mismo que empleaban los patriotas del espacio americano, las aspiraciones eran iguales. Ellos lo sentían claramente y lo expresaban en sus documentos. No luchaban contra España, luchaban contra el régimen injusto y contra el absolutismo que lo personificaba.

Lo más importante que expresa y revela la larga lucha por la Independencia de la América hispana es la identidad de propósitos con los liberales españoles. No se lucha contra extranjeros, era una lucha entre hermanos separados, en la que liberales y libertadores no lograban desconocer la coincidencia de sus motivaciones y la identidad fundamental que los unía indisolublemente. Así lo vieron no sólo los hombres de pensamiento, sino también los jefes militares que se enfrentaban en los campos de batalla del Nuevo Mundo.

Si algo prueba la larga y destructiva guerra de Independencia hispanoamericana es la existencia de una poderosa comunidad de historia y de cultura, que con la lucha armada no quedó destruida sino confirmada y que es, hoy más que nunca, la base segura para entrar en el porvenir.

EL LIBERTADOR

A los doscientos años de su nacimiento, Bolívar, con inobjetables títulos, forma parte del puñado exiguo y deslumbrante de las grandes figuras tutelares de la humanidad. Desde su muerte, en 1830, se ha ido descubriendo de un modo continuo y conmovedor la gigantesca dimensión de su presencia. Para sus contemporáneos era el adalid incomparable de la lucha por la independencia política de la América Latina, aquel ser fascinante que, casi sin medios, dirigió y sostuvo contra todos los obstáculos y adversidades la larga y difícil guerra de quince años que puso fin al imperio español en América. Su tenacidad sin desmayos, su convicción de que la independencia podía y debía alcanzarse en su tiempo, y su visión grandiosa del porvenir del nuevo mundo lo destacaron y señalaron entre tantos y tan excepcionales jefes como produjo la guerra de emancipación de la América Latina.

Para el mundo occidental se convirtió muy pronto en el símbolo de la lucha contra el despotismo y las viejas monarquías. Su nombre sonaba a libertad. Los revolucionarios de 1830 y de 1848, los «carbonarios», los liberales, la juventud romántica invocaban su nombre y su ejemplo. Era el héroe que había enfrentado trescientos años de antiguo régimen en la América hispana y había logrado ponerle fin para proclamar un nuevo orden de democracia y libertad. La admiración pasaba de los jóvenes inquietos, que enarbolaban como una bandera el «chapeau Bolívar» en el París de los Borbones, hasta los estudiosos de la política mundial, hasta Byron que le puso el nombre de Bolívar al barco en que soñaba la hazaña de libertar a Grecia.

Bolívar se había convertido para siempre en «el Libertador», el hombre que había encarnado la voluntad de ser libre de un continente y que se había esforzado por crear un orden político de justicia y derechos humanos.

Fue, ciertamente, un jefe militar que logró las más difíciles y trascendentales victorias; como un sembrador de destino, de sus batallas nacieron naciones y se afianzó la libertad de una vasta porción de humanidad y de geografía. En 1825, cuando el triunfo de Ayacucho pone fin al imperio español y lo convierte en el árbitro del destino de la América Latina, concibe e intenta realizar el grandioso propósito de integrar su América, para hacer posible un nuevo tiempo de equilibrio y justicia para la humanidad. La raíz del desacuerdo con sus antiguos seguidores y de las dificultades crecientes con las que va a tropezar reside precisamente en su visión del futuro.

Para él, la independencia no era un fin sino una etapa necesaria para alcanzar una realización más difícil y grandiosa. Lo que se había propuesto no era una mera sustitución de hombres para poner en el lugar de los virreyes y gobernadores españoles a los caudillos criollos, para mantener sin alteración las estructuras políticas y sociales heredadas del pasado colonial, sino algo diametralmente distinto, que era la verdadera creación de un nuevo mundo, poderoso, libre, ejemplar en sus instituciones, celoso de la justicia en todas sus formas y que sirviera de base a un nuevo orden mundial, a lo que él llamaba un «nuevo equilibrio del universo».

Desde el primer momento de su acción se distinguió por la claridad y la audacia de su pensamiento. Si no hubiera hecho otra cosa que escribir las ideas y apreciaciones que nos dejó sobre el mundo americano figuraría, sin duda, entre los más originales pensadores de su tiempo. Tenía además un don excepcional de escritor. La prosa de sus cartas y discursos está entre las mejores que se escribieron en su hora. Nadie tuvo como él el don de la expresión enérgica, penetrante y significativa. Su lenguaje refleja como un espejo fiel su temperamento y sus angustias. Se expresa con síntesis y contrastes fulgurantes. No valen menos sus palabras que sus grandes hechos.

Pocas veces en la historia se ha dado en un personaje semejante combinación de dones y atributos de hombre de acción y de hombre de pensamiento, de conductor de pueblos y de visionario del porvenir, de político hábil y de creador de un proyecto de superación de las circunstancias de su tiempo. El drama de su vida consistió en la imposibilidad de lograr que su visión del futuro se convirtiera en realidad. No podía resignarse con la obra extraordinaria que había realizado porque para él esa obra no era sino la parte previa y necesaria para lograr la nueva organización política de la América Latina y un nuevo equilibrio mundial. Sólo para un ser de su condición esa segunda parte podía ser más importante que la primera.

La figura de Bolívar es de una riqueza inagotable. Reducirlo a las proporciones de jefe de una insurrección triunfante es mutilar su personalidad e ignorar algunas de las facetas más ricas y admirables de su obra. No fue nunca un mero hombre de acción, dispuesto a proseguir una lucha muchas veces desesperada, ni tampoco un ideólogo que aplica mecánicamente doctrinas y ejemplos aprendidos de otros países y de otras circunstancias históricas, ni un político limitado al presente inmediato. A todo lo largo de su empresa nos sorprende por la abundancia deslumbrante de sus dones tan diversos. Ante sus ojos están vivos el pasado y el presente de los pueblos americanos, siente con profunda identificación la condición histórica y cultural de sus gentes, pero al mismo tiempo mira hacia el futuro deseable y anhela una transformación profunda de la sociedad y de sus fines, no lo ciegan las brillantes teorías políticas de su tiempo. Ha reflexionado sobre Rousseau y Montesquieu a la luz de la experiencia de la lucha y de las lecciones del pasado americano, y se persuade que el camino de esos pueblos hacia el futuro no puede reducirse a una simple imitación o adaptación de ideas e instituciones de otras naciones surgidas de otras circunstancias históricas y culturales, sino que hay que partir de las difíciles realidades para poder intentar con esfuerzo y tino esa ardua transformación para la cual el pasado colonial no los había preparado.

Lo que en el lenguaje internacional de hoy llamaríamos las limitaciones culturales del desarrollo y la dificultad de adaptar modelos extraños es un tema fundamental de sus preocupaciones de creador de naciones. Alerta insistentemente a los legisladores, deslumbrados con los precedentes de las instituciones surgidas de las revoluciones de los Estados Unidos y de Francia, sobre la necesidad de tomar en cuenta las peculiaridades de usos, tradiciones y experiencia del pasado que caracterizan a los pueblos hispanoamericanos. Él deseó resueltamente la libertad, la justicia y la democracia, pero sin perder de vista las realidades sociales y políticas que trescientos años de vida colonial habían creado en su América.

Tampoco pierde nunca de vista el horizonte de la situación internacional. La independencia de la América Latina no puede ser concebida y realizada como un hecho aislado y local, sino como un gran acontecimiento que inicia nuevas situaciones y nuevas relaciones en escala mundial. La irrupción de una América libre y soberana no puede alcanzarse sin ocasionar una modificación significativa de las relaciones políticas en escala mundial. Es dentro de esos parámetros y dimensiones excepcionales que Bolívar actúa y piensa, y es esto, precisamente, lo que le da su significación y validez como guía y encarnación del espíritu de los pueblos americanos.

Ese carácter y esos rasgos aparecen a lo largo de su vida en todos sus documentos. Su visión de la independencia es continental desde el primer momento. En esto coincide plenamente con su ilustre antecesor Miranda. No se trataba para ellos de obtener la independencia para algunas porciones del imperio español, sino de lograr que todo él tome conciencia de su identidad y su destino y asuma una soberanía global. Esto implica, desde luego, una forma de organización política y metas de futuro que abarquen todo el nuevo mundo. Desde la primera hora habla en nombre de América y no de Venezuela, y esboza con atrevimiento las formas de la integración política. Como lo dijo más de una vez: «para nosotros la patria es la América».

Cabría preguntarse ahora: ¿cuál América y en qué forma? Era la suya una concepción que no excluía ninguna porción significativa de la América sojuzgada por las potencias europeas. Partía de lo inmediato que eran los pueblos que iban a integrar a Colombia: Venezuela, Nueva Granada y Ecuador, pero luego incluía, en muchas formas sucesivas de integración, todas las porciones del imperio. Cuando en 1825, tras la victoria final y definitiva de Ayacucho, llega a aquel centro simbólico de poder y riqueza que era Potosí y acompañado por los representantes de Argentina, del Perú y de Chile sube al cerro de Plata, que fue el soporte del poder colonial, y se asoma literalmente al panorama de la masa continental, siente y expresa aquella voluntad de integración que era la única que podía asegurar el futuro para tan vasta porción de humanidad y de tierra que por sus ojos vislumbraba el escenario de la historia universal. Es la hora en que convoca el Congreso que iba a reunir en Panamá a los representantes de toda la América para establecer las formas prácticas de su política, su defensa y su acción común ante el mundo.

Basta mirar los documentos principales en los que está recogido su pensamiento para advertir la continuidad de su concepción de la comunidad de destino de la América Latina. Desde 1812, en Cartagena, apenas salido de la ruina del primer ensayo de república independiente en Venezuela, lanza un audaz manifiesto que no tiene otro objeto que alertar contra la engañosa creencia de que alguna porción del territorio americano pudiera lograr y conservar aisladamente su independencia. Mientras Venezuela no sea liberada, la independencia de la Nueva Granada estará amenazada, porque una fuerza organizada desde allí puede penetrar «desde las provincias de Barinas y Maracaibo hasta los últimos confines de la América meridional». Esa acción que él vislumbra en tan vasta escala de parte de los enemigos de la libertad es precisamente la que él habrá de realizar en los largos y duros años de su acción política y guerrera. Desde entonces para él el teatro es uno solo: la América Latina, el objetivo igualmente uno: la independencia, y el instrumento privilegiado e insustituible: la integración de esos pueblos en un cuerpo que garantice su unidad de presencia y acción ante el mundo.

En aquel deslumbrador documento que es la carta que escribe en Jamaica, en 1815, «a un caballero de esta isla», traza el cuadro más completo e iluminado de su visión del destino americano. Su tema no es Venezuela sino «un país tan inmenso, variado y desconocido como el Nuevo Mundo». Lo mira como una realidad de la geografía y de la historia, y se pregunta con impaciencia: «¿No está el Nuevo Mundo entero, conmovido y armado para su defensa?» Más adelante precisa: «Este cuadro representa una escala militar de 2.000 leguas de longitud y 900 de latitud en su mayor extensión, en que 16.000.000 de americanos defienden sus derechos o están oprimidos».

Para él es una necesidad histórica ineluctable que ha llegado y que está llamada a tener las mayores consecuencias en el futuro del mundo. Allí expresa el fondo de su pensamiento: el proyecto de la independencia americana es necesario, «porque el equilibrio del mundo así lo exige».

Allí está dicha la concepción fundamental. Ha llegado la hora de un nuevo equilibrio universal. La estructura imperial de dominaciones no puede continuar. Un nuevo orden, con las palabras mismas que usó Virgilio en su égloga profética, va a surgir. Es necesario que termine el imperio español para que surja un nuevo mundo real a dialogar en términos de equidad y derecho con los otros poderes de la tierra.

Para Bolívar la denominación de «nuevo mundo» no tenía la significación restringida que le habían dado los viejos historiadores. No lo concebía como la parte más recientemente incorporada a un viejo mundo y a un viejo orden, sino como la ocasión providencial de realizar una nueva sociedad, que no repitiera los errores del viejo mundo y que iniciara una nueva era en las relaciones entre todas las naciones.

Bolívar se convierte así no sólo en el profeta del nuevo mundo sino en el de un nuevo orden mundial. Ha sentido y expresado desde entonces que había llegado la hora no sólo de que surgieran nuevas naciones independientes sino de que su existencia misma determinara la creación de un nuevo sistema de relaciones. Con palabras que parecen brotadas de la lucha actual de las nuevas naciones de América Latina, Asia y África por alcanzar un nuevo orden de relaciones, en ese dramático diálogo entre el Norte y el Sur, en el gran proceso del surgimiento del Tercer Mundo, llegó a decir: «Hay otro equilibrio, el que nos importa a nosotros, el equilibrio del universo. Esta lucha no puede ser parcial de ningún modo, porque en ella se cruzan intereses inmensos esparcidos en todo el mundo».

Con qué tono de actualidad viviente resuena en nuestros oídos esta voz. Su tema es la gran cuestión central que se debate con angustia en los grandes foros internacionales. A los dos siglos de su nacimiento, Simón Bolívar está en la primera fila del combate por la creación de un nuevo orden internacional. Así lo reconoció solemnemente la UNESCO cuando en 1978, a través de sus organismos supremos de dirección, aprobó la creación del Premio Internacional Simón Bolívar «destinado a recompensar, cada dos años, a partir del 24 de julio de 1983, fecha del bicentenario del nacimiento del Libertador Simón Bolívar, a la persona o personas que se hayan destacado mediante su acción, su obra de creación o una actividad particularmente meritoria en beneficio de la libertad, la independencia y la dignidad de los pueblos y el fortalecimiento de la solidaridad entre las naciones, favoreciendo el desarrollo y facilitando el advenimiento de un nuevo orden económico internacional, social y cultural».

EN BUSCA DE UN NUEVO ORDEN

Los hijos de la América española tuvieron, casi desde el primer momento, la noción de su singularidad no sólo ante el mundo sino particularmente ante España.

La noción de ser distintos, de formar parte de un escenario geográfico y social diferente del de España aparece desde el comienzo. Los mismos españoles que se establecieron en el Nuevo Mundo al regresar a la Península eran, inevitablemente, vistos como diferentes. La figura temprana del indiano, en el lenguaje y en la conciencia popular, lo comprueba. Algo o mucho había cambiado insensiblemente en aquellos seres en los largos años de su vida americana. Habían adquirido otras costumbres, otras nociones del espacio geográfico, otros vocablos para otras cosas no conocidas antes, una evidente alteridad con respecto a sus hermanos que permanecieron en el viejo país.

Esta noción es muy viva en los hijos del mestizaje racial y cultural que se produce intensamente desde la primera hora. El caso más excelso y ejemplar es el del inca Garcilaso de la Vega. Toda su vida y su admirable obra escrita reflejan dramáticamente esta especie de contradicción interna que pugna sin tregua dentro de él. En su mente conviven, en un difícil acomodamiento, las herencias culturales incaicas y la lealtad y devoción a la espiritualidad española. No logra, aun después de largos años en España, después de ser soldado y sacerdote, después de escribir en una de las mejores prosas de su tiempo y de empaparse del neoplatonismo del Renacimiento, no logra borrar aquella fundamental condición que lo distingue de los españoles de su tiempo.

El caso se repite constantemente, aun cuando sólo podemos conocer los casos excelsos de las grandes figuras literarias e históricas que aparecen dentro de la nueva circunstancia.

Esta noción activa y que se manifiesta en innumerables formas no se atenúa con el paso del tiempo sino, por el contrario, se acentúa y complica. Están rodeados de la contradicción cultural en infinitas maneras, forman parte de una realidad social, mal definida y confusa, en la que, junto o por debajo de lo recibido de España, persisten y se manifiestan las vivencias culturales de los indios y de los africanos. En los usos, en la alimentación, en el lenguaje, en las fiestas populares, en los aires de canto y de danza, en el trato diario, están flotando en el caldo vivo y oscuro de esas herencias diferentes y hasta enemigas.

Nunca llegan a saber definitivamente lo que son y lo que representan. Se creen españoles y ya no pueden serlo como los que permanecieron en el viejo suelo, tienen de los indios y ya son profundamente extraños a lo que fueron los indígenas y sus civilizaciones antes del Descubrimiento y los mismos africanos, a pesar de la segregación social en que son mantenidos, se conforman a otra realidad diferente de la de su origen lejano.

Esta situación engendra, naturalmente, dificultades, roces, resentimientos y desacomodos. Sienten que forman parte de una sociedad *sui generis* que no es igual a ninguna de las que dieron origen a su existencia, pero no logran entender exactamente lo que eso significa, ni sus implicaciones. Es una situación que se manifiesta más al nivel de la sensibilidad que de la razón.

Este viejo estado de cosas sufre una dramática prueba con el proceso de la Independencia. Se trata entonces de definir un proyecto de instituciones y de organización para aquella sociedad tan peculiar y poco asimilable a los modelos europeos que se proponen adoptar.

Los primeros ideólogos del vasto movimiento están imbuidos de ejemplos y enseñanzas europeos o del Norte de América. Como seguidores intelectuales de las novedades conceptuales de la Ilustración y de los ejemplos de la Revolución Francesa y de la de los Estados Unidos, creen posible adoptar esas extrañas instituciones a un medio tan distinto de aquel en que se habían producido.

No solamente proclaman sino que instauran las formas políticas más nuevas y avanzadas de Europa y Norteamérica sin querer darse cuenta de que había una realidad histórica local que no permitía asimilarlas. Se proclamó la libertad, la igualdad, los derechos del hombre, el régimen democrático y federal y el gobierno del pueblo en un ámbito humano que nunca había conocido tales instituciones sino que, por el contrario, se había formado bajo un sistema totalmente opuesto, sin igualdad, sin libertad, sin representación popular, como parte integrante de una monarquía absoluta, rigurosamente jerarquizada, que en las Indias se complicaba con la numerosa presencia de las otras razas y culturas.

El resultado tenía que ser catastrófico. La primera república que se constituye formalmente en tierra de la América española es la de Venezuela. Los legisladores de 1811, llenos del entusiasmo más candoroso por los precedentes de París y de Filadelfia, adoptan las más idealistas formas políticas e instauran una república igualitaria fundada en la libertad y en los derechos del hombre. No existía ningún antecedente, ni ninguna experiencia propia de lo que esas instituciones significaban. Fue un trasplante sin tierra. El fracaso era inevitable y prontamente ocurrió. Tras una corta vida de apenas un año la Primera República de Venezuela sucumbió, no ante fuerzas expedicionarias del rey, sino ante el desarraigo de la mayoría del pueblo.

Simón Bolívar, que fue actor y testigo angustiado de aquel desastre, lanzó en 1812, en Cartagena, a los veintinueve años de edad, su primer gran documento político. Con sagaz mirada señala, en aquel manifiesto a los neogranadinos, las causas del fracaso. «Los códigos que consultaban nuestros magistrados no eran los que podían enseñarles la ciencia práctica del gobierno, sino los que han formado ciertos buenos visionarios que, imaginando repúblicas aéreas, han procurado alcanzar la perfección política, presuponiendo la perfección del linaje humano. Por manera que tuvimos filósofos por jefes, filantropía por legislación, dialéctica por táctica y sofistas por soldados. Con semejante subversión de principios y de cosas, el orden social se resintió extremadamente conmovido y, desde luego, corrió el Estado a pasos agigantados a una disolución universal que bien pronto se vio realizada.»

Siete años más tarde, en 1819, con la dura experiencia de una larga guerra, de una difícil situación social, de una realidad dura de dificultades, a la cabeza de jefes díscolos y ambiciosos, tiene oportunidad de proponer una Constitución al Congreso reunido en la Angostura del Orinoco. En ese documento, que es la suprema expresión del pensamiento político del Libertador, reitera con patética insistencia sus aprehensiones: «Cuanto más admiro la excelencia de la Constitución Federal de Venezuela, tanto más me persuado de la imposibilidad de su aplicación a nuestro estado. Y, según mi modo de ver, es un prodigio que su modelo en el Norte de América subsista tan prósperamente... a pesar de que aquel pueblo es un modelo singular de virtudes políticas y de ilustración moral, a pesar de que la libertad ha sido su cuna, se ha criado en la libertad y se alimenta de pura libertad... Pero sea lo que fuere de este gobierno con respecto a la nación americana, debo decir que ni remotamente ha entrado en mi idea asimilar la situación y naturaleza de dos estados tan distintos como el inglés americano y el americano español. ¿No sería muy difícil aplicar a España el código de libertad política, civil y religiosa de Inglaterra? Pues aún es más difícil adaptar en Venezuela las leyes del Norte de América. ¿No dice el Espíritu de las Leyes que éstas deben ser propias para el pueblo que se hacen?, ¿que es una gran casualidad que las de una nación puedan convenir a otra?, ¿que las leyes deben ser relativas a lo físico del país, al clima, a la calidad del terreno, a su situación, a su extensión, al género de vida de los pueblos?, ¿referirse al grado de libertad que la constitución puede sufrir, a la religión de los habitantes, a sus inclinaciones, a sus riquezas, a su número, a su comercio, a sus costumbres, a sus modales? ¡He aquí el código que debíamos consultar, y no el de Washington!»

La larga lucha y las enormes dificultades que tuvo que enfrentar le habían enseñado la trágica incompatibilidad entre la realidad y las instituciones adventicias que se habían adoptado apresuradamente y que no correspondían al pasado y a la situación histórica de aquellos pueblos. Era una nueva forma, y no menos peligrosa que la anterior, de aquel visionarismo que desde el Descubrimiento había deformado la noción de América para nativos y extraños. Habían sido visionarios vueltos hacia el pasado mítico del espíritu europeo que creían hallar en el Nuevo Mundo las deslumbrantes imágenes de su más remota herencia cultural. Encontraban indios, selvas, culturas diferentes y creían haber recuperado el Paraíso Terrenal, o haber topado con las fabulosas amazonas o estar en el camino de El Dorado. Los nuevos visionarios, influidos por las ideas de la Ilustración y el ejemplo alucinante de la Revolución Francesa, proyectaban su sueño hacia el porvenir. De la noche a la mañana, sin base ninguna de tradición y de realidad, iban a implantar la utopía, la República perfecta, el reino nunca visto de la libertad, la igualdad y la felicidad.

La actitud mental, en ambos casos, era semejante, la sustitución de los datos inmediatos de la realidad por una visión proyectada hacia el pasado o hacia el futuro.

No pocas veces, en variadas formas, se combinaron las dos visiones.

Muy cerca de Bolívar se destaca, entre los que se percataron de aquella insoluble contradicción de los propósitos con los hechos, el venezolano Simón Rodríguez. Había sido maestro de primeras letras de Bolívar, había propuesto muy avanzados métodos de educación, y había vivido en Europa, principalmente en Francia, por cerca de 25 años. Había vuelto a encontrarse con sus antiguos discípulos en París en 1804. Fue en esos años, en aquel medio y hora, tan lleno de excitantes novedades, cuando su influencia sobre el futuro Libertador se hizo más profunda y valedera.

Le sirvió de guía y de inspirador, en aquel fascinante escenario de la historia, para hacerle conocer con toda amplitud el pensamiento de los grandes autores de las Luces. La ideología de la Ilustración y la realidad de la política europea fueron el tema constante de sus lecturas y diálogos. Bolívar reconoció con afecto su deuda para con este hombre singular. Cuando, después de un cuarto de siglo de ausencia de América y de cerca de veinte años de haberse dejado de ver y hasta muy posiblemente de comunicarse, Rodríguez, que en sus andanzas por el Viejo Mundo había adoptado el simbólico nombre de Samuel Róbinson, regresa al fin a su América, Bolívar, que estaba entonces dirigiendo la campaña final y definitiva del Perú, le escribió la más generosa y espontánea invitación a reunirse con él. En la emotiva carta, que le escribe desde Pativilca a comienzos de 1824, le dice entre otras muchas frases elogiosas: «... usted formó mi corazón para la libertad, para la justicia, para lo grande, para lo hermoso».

Cuando Rodríguez regresa ya han transcurrido 12 años desde los primeros movimientos de Independencia, durante ellos se ha luchado en una guerra larga y cruenta, se han ensayado con poco fruto muchas constituciones y formas de gobierno sin que se hubiera podido lograr establecer la república justa y libre con la que soñaban aquellos patriotas.

Al igual que Bolívar, advierte con angustia la brecha creciente que se ha ido formando entre aquellos principios inaplicables y la peculiar realidad social que ha formado la historia. No se desespera por ello, no renuncia a la posibilidad de alcanzar aquellos nobles fines pero, a diferencia de muchos otros, se propone partir de un reconocimiento pleno de los obstáculos que la situación social presenta.

Es ésta su originalidad incomparable. No está de acuerdo ni con los soñadores de una República irrealizable, ni menos con los cínicos para quienes el problema no es de instituciones sino de mando efectivo en cualquier forma.

Él no acepta ninguna de las dos posiciones contrapuestas e irreconciliables, tampoco se resigna a renunciar a sus aspiraciones profundas a lograr alcanzar un orden de libertad y de verdadera república, pero piensa que el camino para lograrlo es más largo y difícil que el de proclamar principios y modelos extraños.

Comprende, con desvelada preocupación, que se han proclamado repúblicas que adolecen de la grave falla de que, en aquellos países, no hay republicanos ni experiencia de democracia sino en las aspiraciones de una exigua minoría ilustrada. Para que pueda haber república propone, simplemente, formar primero los republicanos, y para formarlos debidamente pide modificar por entero y con otro sentido la educación.

Es en esta búsqueda donde se manifiesta de manera deslumbrante su originalidad, que lo convierte en uno de los más avanzados y valiosos pensadores de su tiempo. Concibe una escuela muy distinta de las existentes, donde formar, por otros medios inusitados, los hombres que van a hacer posible y efectivo el sistema republicano y la nueva sociedad democrática. Lo que dice en este sentido no sólo se anticipa en muchos años a lo que la moderna pedagogía ha llegado a concebir, sino que, también, lo convierte en un insólito precursor de las concepciones de los revolucionarios y reformistas sociales de nuestros días.

La escuela de Rodríguez no se iba a parecer a ninguna otra conocida. Se proponía dar educación a todos los niños de todas las clases sociales y, principalmente, a los pobres. Quiere recogerlos en institutos donde queden separados de la perniciosa influencia de la sociedad existente y entregados a sus maestros. Se les va a enseñar, desde luego, las asignaturas tradicionales, con mucho énfasis en el lenguaje; pero, además y sobre todo, otras nuevas e inusitadas. Se les enseñará además de la gramática, la aritmética, las ciencias naturales y el lenguaje, a trabajar. Cada escuela será al mismo tiempo un taller de aprendizaje de oficios, a los varones se les enseñará rudimentos de herrería, carpintería y cerámica, y a las hembras trabajos domésticos. Él no quiere seres baldíos que nutran las filas de la miseria y de la prostitución. «Al que no sabe cualquiera lo engaña —dice—, y al que no tiene cualquiera lo compra.» En esa escuela nunca vista hasta entonces se iba a enseñar, digo mal, se iba a experimentar con la diaria experiencia, la que para él era la más importante de todas las materias, la sociabilidad. Propone hacer del sistema educativo un aprendizaje para el trabajo y para la vida y, sobre todo, para la convivencia genuina y fecunda dentro de una sociedad justa y liberada de los prejuicios y costumbres que le impiden avanzar. Señala que «los preceptos sociales (sean) objeto principal de la escuela» y, aún más explícitamente, añade que «el objeto de la instrucción es la sociabilidad y el de la sociabilidad es hacer menos penosa la vida».

Advierte que los modelos de otros países totalmente

diferentes no pueden ser aplicados en su América como lo han demostrado los repetidos fracasos del ideal republicano, y que tampoco se puede regresar a la monarquía, que nunca ha existido en el continente sino como una superposición casi abstracta del régimen imperante en España que no podría ser implantada localmente en aquel ambiente en el que resultaría inaceptable. La figura del rey no fue nunca la de un príncipe propio sino el lejano reflejo de una majestad, tanto más acatada cuanto más lejana e inaccesible, y a esto no se podía volver. Ni se podía llegar a la República, ni tampoco regresar en alguna forma a la monarquía.

Para él, como para Bolívar, era evidente que la sociedad formada por las circunstancias históricas en América era distinta de la española y mucho más de la francesa y la norteamericana y esa situación propia y única imponía la necesidad de soluciones propias. «¿Dónde iremos a buscar modelo?», se preguntaba. «La América española es original, originales han de ser sus instituciones y su Gobierno, y originales los medios de fundar uno y otro», para concluir en poderosa síntesis: «O inventamos, o erramos».

Le parecía patente y fundamental la individualidad del Nuevo Mundo, aquella sociedad que la historia y las circunstancias habían creado a lo largo de siglos y en presencia de tres culturas, que no era semejante a ninguna otra existente. Para esa realidad había que crear instituciones adecuadas y propias que no podían ser simplemente la copia servil de algún modelo extranjero, por atractivo que pareciera.

Para concebir esas nuevas formas de sociabilidad había que estudiar las particularidades de aquella sociedad. Lo expresa reiteradamente en muchas formas: «En lugar de pensar en medos, en persas, en egipcios, pensemos en los indios», «más nos cuenta conocer a un indio que a Ovidio». Piensa con asombrosa penetración en lo que llama «un Gobierno etológico, esto es, fundado en las costumbres», para añadir con sarcasmo: «Cuidado, no sea que por la manía de imitar servilmente a las Naciones Cultas venga la América a hacer el papel de vieja en su infancia».

Desde luego lo que proyecta tenazmente no es respetar y continuar las viejas costumbres, injusticias y vicios sociales, sino alcanzar un nuevo orden sobre la base de las características y de la realidad social, haciendo en la escuela el camino para una sociedad original más justa, productiva y libre.

Lo expresa en los mismos términos que hoy proclama la ciencia pedagógica:

«Ha llegado el tiempo de enseñar a los hombres a vivir.»

Su escuela recibirá a los niños de todas las clases, y muy especialmente a los pobres, para convertirlos en los ciudadanos útiles de una sociedad próspera y justa. Para hacer esos republicanos que no existen y que son indispensables para alcanzar la República, concibe la extraordinaria idea de aislar en la escuela toda una generación para salvarla de la contaminación de las viejas supersticiones y vicios sociales, para hacer de ellos hombres nuevos y distintos. De lo que se trata, dice, es de «declarar el país en noviciado» y de «colonizar el país con sus propios habitantes».

Podía parecer un proyecto irrealizable pero, ciertamente, a diferencia de las utopías venidas de fuera, partía de un reconocimiento de la situación peculiar de aquella sociedad y de una evaluación muy ajustada a la realidad de lo que era y de lo que podía llegar a ser por medio de una educación para el trabajo, para la vida y para la sociabilidad.

Nadie había pensado en esta forma antes que él, ni había imaginado esta posibilidad grandiosa por medio de la educación. De la escuela y de la realidad histórica iba a salir el nuevo orden social por medio de un inteligente y continuado proceso de creación de nuevos hábitos y de una nueva mentalidad.

Era demasiado avanzado para aquel tiempo y era mucho pedir que lo pudieran comprender y menos aceptar sus contemporáneos. Bolívar lo comprendió y lo apoyó. Después de Ayacucho se lo llevó consigo hasta el Alto Perú, a la recién fundada Bolivia, para ponerlo a cargo de la dirección de la educación pública. En Chuquisaca inicia con inmensas esperanzas su revolucionario ensayo. Ya Bolívar no estaba allí y aquellas novedades suscitan alarma y escándalo entre los pobladores de aquellos reductos de la más rancia tradición. Estaba condenado a fracasar.

Entre 1823, año de su regreso a América, y 1854, fecha de su muerte a la avanzada edad de 85 años, su existencia va a ser un continuo peregrinar de fracaso en fracaso, de burla e irrisión, azotado por la miseria, visto por la mayoría como un extravagante y hasta como un loco, fundando pobres escuelas transitorias, haciendo todos los menesteres posibles para sostenerse, pero sin desmayar ni renunciar nunca a su grandioso proyecto.

Su doloroso itinerario es largo y divagante. Pasará, sembrando ideas y fallidos ensayos, por Bogotá, Lima, Chuquisaca, Valparaíso, Santiago, Quito, algunos poblados perdidos de la alta cordillera, hasta encontrar la muerte en el abandono y en la soledad.

Escribió mucho, a veces carecía de tinta y de papel, y alcanzó a publicar muy poco. En folletos, en periódicos, en algún libro, salieron sus ideas para ser ignoradas u olvidadas. Cargaba consigo un cajón lleno de manuscritos, lo que él llamaba «un baúl de ideas». La mayor parte de esos escritos se perdió después de su muerte. Muy pronto cayó en el olvido y, lo que es peor, en una abyecta leyenda de extravagancia y de locura, que apenas recientemente ha comenzado a disiparse con la edición de lo que logró publicar y ha sido hallado. Dos gruesos tomos de obras completas, seguramente incompletas y fragmentarias, han sido publicados en 1975 por la Universidad Simón Rodríguez de Caracas. Han salido a la luz algunos estudios y comentarios importantes que traducen el asombro de los modernos lectores ante su deslumbrante originalidad. Yo mismo traté de reconstruir su figura y su hora en mi libro «La isla de Róbinson».

En el arduo y no resuelto problema de encontrar un orden propio y estable para la América hispana, nadie lo sobrepasa en penetración y anticipación de un camino distinto y nuevo.

Lo que vino después de Bolívar, como él lo temía, fue la larga serie de los caudillos armados, hijos de la montonera y de la ignorancia, que perpetuaban las peores formas de la peculiaridad hispanoamericana.

Su voz estuvo apagada por todo ese tiempo. Ahora se le redescubre con sorpresa, porque no ha perdido valor ni vigencia y debe ser tenida en cuenta por todos los que combaten y se esfuerzan en la ya vieja lucha por la democracia en el Nuevo Mundo.

LA LEGIÓN DE MALDITOS

El encuentro de Darwin con Rosas me parece fascinante. El científico genial que estaba redescubriendo la naturaleza y el misterio del origen de las especies y aquel personaje singular que pertenecía a la peculiar especie del caudillo hispanoamericano. Se toparon en 1833, cuando el argentino estaba en su significativa expedición del desierto y el inglés recorría las costas americanas en la expedición del «Beagle», de la que guardó un minucioso diario que recoge todas sus observaciones y atisbos sobre plantas, fósiles y animales, casi desconocidos para los europeos. Había estado observando seres extraños que presentaban reveladoras diferencias y mutaciones con respecto a los que eran conocidos en el Viejo Mundo, pero ahora, acaso sin darse cuenta, a pesar de la simpatía con que pinta al personaje, se hallaba ante un caso de mutación y de evolución no menos sorprendente y nuevo que el del guanaco o el de las iguanas marinas.

Rosas personificaba al caudillo hispanoamericano, a aquel tipo de jefatura casi natural y espontánea que las circunstancias sociales e históricas habían producido en la América después de la Independencia. No se parecía, ciertamente, a ninguna forma de autoridad de las que se conocían en el viejo continente. No era el representante de una institucionalidad establecida y legitimada, sino de una necesidad dentro de una sociedad particular y distinta que había abandonado sus formas de autoridad histórica.

Darwin venía de los jardines ingleses y de la pugna política de «torys» y liberales, del gran enfrentamiento cívico que provocó la discusión del Tercer Estatuto de Reformas, de la lucha entre Wellington, sin armas, y Grey con apoyo popular, bajo la vacilante autoridad de Guillermo IV, para encontrarse, en medio de una naturaleza salvaje y distinta, de ombúes y guanacos, con una sociedad primitiva y diferente encarnada en Rosas y sus gauchos.

Tal vez no se dio cuenta, pero estaba en presencia de un fenómeno social de la mayor importancia, de una ruptura de la filogenia política aparente por otra distinta y producida por la realidad histórica. Rosas era en aquella hora el más calificado y poderoso representante del caudillismo argentino y la única opción posible frente a la anarquía disolvente que se había extendido entre las provincias del Plata desde la proclamación de la Independencia. Era el caudillo mayor destinado a dominar a los caudillos menores y a someterlos a una obediencia central y única. A pesar de que se proclamara federalista y que llamara con violencia a los antiguos patriotas cultivados de Buenos Aires «los salvajes, inmundos unitarios».

No era el primero de la especie, pero tenía mucho en común con los prototipos que lo precedieron, con Artigas en la Banda Oriental y con Boves en Venezuela.

Eran los hijos de la ruptura del orden español, de la inefectividad de las nuevas instituciones republicanas implantadas por los ideólogos inspirados en ejemplos europeos y norteamericanos y de la situación social e histórica.

Surgen de la guerra, de una guerra contra el gobierno español y contra las instituciones coloniales que ya habían sido derogadas y repudiadas por los primeros próceres civiles de la Independencia. El ideal de la República era para ellos incomprensible y carecía de significación práctica. Estaba además asociado con la personalidad de los prohombres cultos de las ciudades, con su lenguaje extranjerizante y desprovisto de sentido y con la representación de los intereses de la ciudad frente a los del vasto y atrasado mundo rural.

Boves y Artigas no salen de las filas militares ordinarias, son los hijos de su propio esfuerzo, de su voluntad de lucha y del odio a los godos, a los ricos, a los intelectuales de la ciudad, sus seguidores los van a encontrar entre los primitivos habitantes, iletrados y rudos, de las llanuras, hombres hechos a las duras condiciones del pastoreo a caballo de ganados salvajes en inmensas praderas.

Van a llevar al escenario de la guerra y de la política la mentalidad y las normas del medio rural más primitivo. La estructura de mando de los caporales, los capataces o los mayordomos campesinos se va a trasladar al escenario nacional. Su montonera estará compuesta de los mismos hombres que, durante generaciones, lucharon a caballo y sin recursos contra la naturaleza hostil, las fieras, los ganados cimarrones y los enemigos.

La montonera indisciplinada, de lanceros a caballo, va a desempeñar un papel fundamental en el surgimiento del caudillismo como forma de organización política.

A Artigas lo siguen los gauchos ciegamente sometidos al prestigio de su autoridad personal, de su valor, de su imagen paterna y de su experiencia rural. Van con él contra el régimen colonial y contra la invasión extranjera, pero sin ninguna noción de las formas institucionales. Los gauchos de Artigas lucharán por la Independencia.

El caso de Boves es todavía más revelador y elocuente. Boves no era un criollo sino un asturiano. Había vivido desde muy joven en las llanuras de Venezuela y había llegado a consustanciarse plenamente con el estilo de vida y la mentalidad de los llaneros. Cuando fracasa, en 1812, la Primera República idealista e ineficaz, y luego, en 1814, Bolívar regresa, sin ilusiones sobre aquella experiencia, a reanudar la lucha, Boves, por razones personales, se pone en campaña, a la cabeza de los llaneros, contra Bolívar y los patriotas. Lo sigue una inmensa horda de jinetes que le obedecen ciegamente desde su indisciplina natural y que bajo su mando sembrarán el terror y la destrucción en todo el país hasta derrotar a los patriotas y someterlo todo a su autoridad personal, con un leve reconocimiento tácito de la figura del Rey. No tenía grado militar, sus soldados lo llamaban el comandante y, más frecuentemente, «el taita». Llegó a constituir una fuerza incontrastable de lanceros a caballo y a convertirse de hecho en el dueño del país, más efectivamente que la pálida sombra de los jefes militares españoles y de los funcionarios civiles de la Corona.

No sabemos lo que hubiera podido ocurrir si Boves no perece en combate el mismo año de su triunfo y se hubiera presentado como el jefe verdadero y efectivo de aquella nación nueva.

La personalidad y la acción de Boves revelan mucho de la naturaleza del fenómeno caudillista. Nadie hubiera recordado que era un español. Para sus seguidores llaneros era el jefe natural e insustituible que los conducía a la victoria, que les aseguraba los frutos del saqueo y la satisfacción de los odios y las venganzas personales. No parecía tener ninguna importancia el origen de aquel jefe de montoneras, que había sido formado en la marina española y que, sin alarmarse, oía gritar a sus sanguinarios seguidores: «Mueran los blancos, los ricos y los que saben leer».

Su autoridad no le venía de ninguna institución, se la había ganado él mismo. No llegó a organizar, en el correcto sentido de la palabra, un ejército, sus propios soldados designaban o destituían a sus comandantes, había la mayor familiaridad en el trato con él, pero todos lo reconocían y le temblaban como jefe único y supremo dueño de vidas y haciendas.

Juan Vicente González dijo, en frase audaz pero muy significativa, que Boves fue «el primer jefe de la democracia venezolana», y hay mucho de verdad en tal afirmación. Desde luego, aquella situación no correspondía a lo que hubieran llamado democracia los próceres civiles, hijos de la Ilustración y padres de la Independencia formal, pero representaba de manera efectiva una fuerza popular genuina. El comandante Boves, vestido como un llanero, lanza en mano, representaba ante aquellos hombres su propia imagen glorificada y la satisfacción de todas sus esperanzas y resentimientos. Estaban dispuestos a seguirlo ciegamente, a matar y destruir y a entregar sin reparo la propia vida.

Esa forma de representatividad espontánea, nacida de la identificación en el trabajo y en la guerra, es la que señala a los caudillos. Por eso se dan con más fuerza y autenticidad en las inmensas llanuras del Orinoco y del Plata, con su diseminada población agreste de pastores a caballo.

Van a alcanzar el mando de la República teórica con las mismas maneras y sistemas que emplearon de por vida en estancias y hatos.

Rosas fue un estanciero eficaz, obedecido y amado por sus hombres que se sentían representados en su figura de padre severo. Su justicia elemental era la única que ellos conocían, su orden era el mismo en que ellos habían nacido, su relación era personal. No era un magistrado que representaba una institucionalidad escrita sino un jefe natural. La estancia se había hecho del tamaño del país.

No ha sido fácil llegar a un estudio objetivo del fenómeno del caudillismo que tanto podría decir sobre la realidad histórica y cultural de la América Latina. En una sociedad que, desatada de sus patrones de conducta impuestos por las instituciones españolas, se hallaba de pronto librada a sí misma y en franco camino a la anarquía y la desintegración, surgió el caudillo como reacción inevitable del organismo social.

No ha sido posible estudiarlo con toda objetividad porque todavía, y como rasgo propio de una situación cultural, los latinoamericanos no han logrado despojarse de los patrones morales e ideológicos para conocer y explicar la propia historia. No inventó Sarmiento el dilema de civilización y barbarie, sino que le dio expresión a un sentimiento arraigado en las élites cultas de las ciudades. Civilización era todo lo que se parecía o pretendía parecerse al modelo europeo, barbarie era lo que históricamente caracterizaba a la sociedad latinoamericana y que era ajeno a ese modelo.

Era lo mismo que no darse cuenta de que las instituciones efectivas reflejan la situación real de una sociedad. Como dijo Simón Rodríguez, se pretendía crear repúblicas sin republicanos.

Cuando Sarmiento huye de la tiranía de Rosas y se refugia en Chile va obsesionado con la figura que ha brotado de la pampa, como fruto de la anarquía que la débil apariencia de gobierno republicano había provocado en Buenos Aires. No había estado nunca en la pampa pero la evoca con poderosa intuición poética y, en el centro de esa evocación emocional, coloca a Facundo: «Sombra terrible de Facundo, voy a evocarte».

Sarmiento, que es un representante sincero de los ideales de la Revolución de Mayo, hace del caudillo la más hermosa evocación. En su visión dicotómica o maniquea del escenario político no hay sitio sino para dos clases de actores, los que representan la barbarie y los que luchan por la civilización. Facundo representa a los primeros y los políticos europeizados de Buenos Aires, a los segundos. La lucha se reduce a aquel duelo entre el bien y el mal. Sin embargo, arrastrado por la autenticidad del personaje y por la fuerza del retrato, termina, sin quererlo, no sólo por erigir el más espléndido monumento a Facundo, sino también por dar la primera explicación objetiva del caudillo y de su montonera. Sin proponérselo, explica el fenómeno humano como un producto del medio social, geográfico e histórico, separándose abiertamente de la concepción de los liberales y los románticos de su tiempo para dar el primer testimonio realista sobre aquella compleja condición.

Facundo aparece como la personificación casi fatal de una situación histórica y social. La anarquía provocada por la desaparición súbita de las instituciones políticas del régimen español, y por la ineficacia e inadaptación del ensayo republicano, produjo, en aquel vacío de poder, aquella autoridad simple, directa y natural que representaron Facundo y sus congéneres. Será necesario esperar hasta la llegada del positivismo al pensamiento latinoamericano para que la imagen satánica del caudillo empiece a ser reemplazada por una explicación más racional y pretendidamente científica del fenómeno.

Los caudillos llenaron con su autoridad, primaria pero auténtica, el vacío de poder, y crearon focos espontáneos de autoridad personal. Su proliferación provocaba la anarquía y la guerra civil, hasta que aparece el más fuerte y capaz de todos ellos en la personalidad de Rosas, que los va a dominar y vencer y a crear, paradójicamente, al grito de «Federación», el más fuerte y centralizado gobierno que se había conocido en aquellas tierras y a poner los fundamentos ciertos de la unidad nacional.

El caudillo que retrata Sarmiento no representa la barbarie en el sentido literario, sino una forma de cultura. Era el producto de una situación cultural que se había creado en América por las condiciones del proceso de incorporación al occidente europeo. No eran invasores extraños que llegaban de lo desconocido para destruir una vieja civilización, sino hijos innegables de una circunstancia hecha por la historia y por el medio. En muchos sentidos representaban más que los «cajetillas» de Buenos Aires, la herencia cultural del pasado, de la lengua arcaica, de los usos elementales, de las relaciones de familia y clientela de la época colonial, de las formas religiosas de la evangelización primitiva, de la identificación con la naturaleza, que conservaban en sus costumbres viva una realidad que comenzaba a modificarse en las ciudades a raíz de la independencia y de la supresión del aparato administrativo de la corona española. Rosas, por el mero instinto de su situación, eliminará la anarquía, suprimirá el caudillismo localista en beneficio de un solo y poderoso caudillismo nacional y echará las bases de unidad y centralización, sobre las cuales podrá volverse a iniciar el ensayo republicano.

La evolución que se produce en Venezuela no es distinta. La república «de los buenos soñadores» de que hablaba Bolívar, desembocó pronto en la guerra y en la anarquía. De ellas surge Boves, que encarna el mismo fenómeno que se produce en la pampa argentina bajo iguales circunstancias. Aquel «taita» de la montonera salvaje llega a convertirse asombrosamente en el dueño de todo el país. La muerte pronta que cortó su carrera, deja en penumbra lo que ha podido suceder si hubiera sobrevivido a su victoria.

Quien lo va a suceder en propiedad no es Bolívar, que nada tenía del caudillo rural y del guerrero primitivo, que era un hombre de ideas y libros, con una visión del destino histórico que hubiera resultado incomprensible para los caudillos. La herencia de Boves la recoge, con indudable autenticidad y derecho, Páez. Metido en la llanura, como un hombre más de faena, Páez sabrá recoger, con los mismos procedimientos y títulos, el mando yacente de la montonera y cambiarla, sin esfuerzo, del campo realista al patriota. Lo cual prueba que militar bajo las banderas del rey o de la independencia no era lo importante para aquellos llaneros, sino alcanzar el poder y la fuerza decisiva bajo un jefe propio totalmente identificado con ellos. Páez sustituirá al «taita» y será el «mayordomo» de los llaneros. Bajo formas de mando y organización muy similares a las de Boves hará de aquellos hombres la más poderosa y segura arma para alcanzar la independencia. Se someterá en nombre de ellos y sin consultarles, porque no era necesario, a la autoridad suprema de Bolívar. No es la menor de las hazañas del Libertador haber logrado que aquellos seres que no reconocían otra jefatura que la que emanaba de su estilo de vida y de guerra se sometieran a su autoridad superior y aceptaran una dirección política e ideológica que no comprendían.

Páez, como Rosas, será, después de haber desempeñado un papel primordial en la guerra, la autoridad unificadora de Venezuela, a la muerte de Bolívar. Separará el país del vasto Estado creado por el Libertador, le asegurará su autonomía y mantendrá por años su autoridad indiscutida y unificadora frente a los jefes militares salidos de la guerra, con pretensiones de caudillismo regional y nacional. En un momento de exaltación de su autoridad, un representante del Congreso que había declarado la autonomía de Venezuela pudo decirle, con poca exageración: «General, usted es la patria».

La evolución política de Páez fue muy distinta a la de Rosas y los otros caudillos salidos de la lucha por la Independencia. Comienza por someterse lealmente a la autoridad de Bolívar, por secundarlo y apoyarlo en sus grandes proyectos, en asimilar prontamente usos y formas de la vida urbana, en compartir sinceramente ideales de legalidad democrática, hasta llegar a ejercer el poder con respecto a las libertades públicas y a la constitución republicana.

Hubo, en todos los países de la América española, jefaturas caudillistas establecidas por jefes militares salidos de la guerra de Independencia, como Santa Anna en México, Flores en el Ecuador, Portales en Chile, Santa Cruz en Bolivia, Castilla en el Perú. No todos fueron iguales ni siguieron la misma trayectoria. Los hubo atípicos y doctorales, como Francia en el Paraguay y García Moreno en el Ecuador. No todos, a causa de las diferencias de lugar y entorno social, brotaron de la montonera para convertirse en jefes nacionales. Otros salieron de las filas de los ejércitos libertadores para convertirse, por las circunstancias, en los solos garantes de la paz y la unidad nacional.

Pero coincidían en aspectos esenciales. Su poder reposaba en las armas, su prestigio popular les venía de su leyenda guerrera y su paternalismo, ninguno estableció instituciones dictatoriales, todos gobernaron manteniendo la vigencia formal de una constitución liberal, heredada de los ideólogos de la Independencia, cuyas formas externas utilizaban aunque desprovistas de toda posibilidad de poder o de oposición. Con la Constitución hacían lo que simbólicamente hizo Melgarejo, después de jurar una nueva constitución republicana para Bolivia, metérsela en el bolsillo.

Hasta bien entrado el siglo xx predominan en Hispanoamérica formas de gobierno caudillistas, que a veces tienen por jefes a hombres que surgen de nuevas circunstancias, como el doctor Núñez en Colombia, Velasco Ibarra en el Ecuador, Machado en Cuba, Porfirio Díaz en México, Irigoyen en la Argentina o Juan Vicente Gómez en Venezuela.

Se produce un deslizamiento hacia el populismo político que caracterizará los movimientos más importantes de los últimos años, como el de Velasco Ibarra en el Ecuador o el de Perón en la Argentina. Por eso la lucha por establecer sólidamente una institucionalidad democrática en la América Latina está vigente y sigue siendo la cuestión fundamental de su destino.

Esta impresionante serie de figuras ha desempeñado, para bien y para mal, un inmenso papel en el destino del continente. No es posible entender la historia sin estudiarlos objetivamente por lo mucho que revela su presencia para conocer la realidad política y social de ese mundo no tan nuevo.

El prejuicio ideológico y el maniqueísmo moral, con que se les ha considerado hasta ahora, ha puesto grandes obstáculos al conocimiento real de la formación de esos pueblos. Constituyen aquellos hombres, que de manera tan pertinaz y visible han ejercido la dirección política, una especie de legión de malditos a la que nadie puede acercarse con ánimo desprevenido para entender la verdadera significación de sus personalidades y de sus hechos. La historiografía de la América Latina, para su mal, ha estado demasiado deformada por los prejuicios políticos y mentales de los historiadores. Se ha hecho una historia de tesis o de apología y de diatriba, que nos priva de una verdadera visión histórica sobre el pasado.

En buena parte, cada día más reconocible, la América Latina fue configurada durante más de un siglo por las acciones y las omisiones, por las pasiones y los odios, por los aciertos y los errores de aquellos hijos de la realidad, que tanto tienen que revelar sobre ella, de los que hemos hecho una legión de malditos.

Lo que apenas vislumbró el ojo sagaz de Darwin y que los historiadores han visto con muchas limitaciones deformantes, o con abierta hostilidad, se ha convertido, en los últimos años, en uno de los grandes temas originales de la novela hispanoamericana.

Con fascinación, casi obsesiva, los novelistas han encontrado en el caudillo criollo el arquetipo de la condición cultural de esos países, en su figura se reflejan y se manifiestan las contradicciones del medio humano, la pugna entre las instituciones y la situación social efectiva, las impresionantes combinaciones y contrastes que produce el mestizaje cultural y una innegable representación telúrica y humana de aquel complejo proceso histórico, dentro del que se oponen y combinan distintos tiempos y concepciones, el eco del pasado, la pugna no resuelta con las novedades ideológicas del presente y una especie de innegable representatividad ·de muchas cosas para las que las ciencias sociales no dan nombre.

A veces han retratado, con fuerza y *pathos*, la figura casi mítica de un determinado caudillo histórico, como en el caso de Roa Bastos con el Doctor Francia o de Asturias con aquel singular personaje que fue Estrada Cabrera. Otras veces han forjado personajes compuestos de los hechos y rasgos de varias figuras del pasado. Es el caso de Alejo Carpentier en *El recurso del método*, en el que utiliza aspectos y hechos de varios caudillos del pasado remoto o cercano: del autócrata liberal Guzmán Blanco, del astuto y cruel Gerardo Machado, del truculento Trujillo, y de Juan Vicente Gómez, el último genuino caudillo rural. Es parecido lo que hace García Márquez para darle contextura a su legendario patriarca.

En la búsqueda del realismo mágico, que ha caracterizado a la literatura hispanoamericana del útimo medio siglo, era inevitable toparse con el caudillo, que forma parte fundamental de esa peculiar situación y de esa visión de la realidad humana.

Es posible que por el camino de los novelistas regresen los historiadores a darle a los caudillos la seria y desprejuiciada consideración que requieren para entender mejor la condición del mundo hispanoamericano.

UN JUEGO DE ESPEJOS DEFORMANTES

Toda historia, en algún grado, es una simplificación engañosa. El mero hecho de reducir complejos sucesos pasados a una visión inteligible supone deformaciones y mutilaciones inevitables, además de la inescapable limitación de que todo historiador es un hombre de un tiempo, de una ideología, de una mentalidad y de una situación determinadas, desde las cuales tiene que mirar al pasado. En cierto modo no mira al pasado sino que tiende a reducir el pasado a su mentalidad, a su manera de comprender los hombres y los hechos y a su concepción finalista de la sociedad y del destino de las colectividades. En el mayor grado de objetividad imaginable, ningún historiador ha logrado nunca escapar de su piel, es decir, de su circunstancia intelectual, de su tribu conceptual, de su filosofía de los hombres y aún más de los fines conscientes o inconvenientes que asigna a la sociedad.

Si esto fuera rigurosamente inmodificable, tendríamos que desconfiar de toda historia, no sólo de la que se aleja de nuestras convicciones y perspectivas, sino aún más de aquella que parece estar de acuerdo con ellas y justificarlas.

La historia no pasa de ser, en este sentido, más que un cálculo de posibilidades, un contraste de deformaciones que se desmienten entre sí, un rico y fascinante juego de espejos deformantes. Habría que mirar el reflejo de todos esos espejos para, a través de la suma de todas sus deformidades diferentes, poder llegar a una mejor aproximación de esa fugitiva ilusión que es el conocimiento de la realidad. Por esto, más que del pasado, toda historia parte del presente, de la posición vigente de quien la escribe y de su visión del presente. En este sentido toda historia es autobiográfica y personal.

No es ésta una fatalidad inherente a la relación de los sucesos remotos sino, también y sobre todo, de los más próximos. La manera de pensar, la ideología, las proyecciones de la actualidad y del futuro influyen en los historiadores de un modo evidente. Desde Bossuet y su historia universal a lo divino, inspirada en los profetas del Antiguo Testamento, hasta los discípulos de Marx, que es otro profeta.

Bastaría volver la mirada a un gran suceso reciente, sobre el que abundan testimonios, documentos y fuentes, como lo ha hecho François Furet con la Revolución Francesa, para percatarse de esta fatalidad inherente a toda historia. Hay muchas historias de ese inmenso suceso, diferentes, a menudo contradictorias, que más que los sucesos de hace dos siglos reflejan la mentalidad de sus autores y de su hora. Desde Michelet, pasando por Tocqueville, hasta los marxistas de nuestros días, el gran suceso parece cambiar de carácter y significación con cada autor: casi como si no hablaran del pasado sino para justificar y apoyar sus posiciones ante el presente. Todas, en mayor o menor grado, han sido historias de opinión.

Furet dice que «no hay interpretación histórica inocente», porque todas ellas son el reflejo de los conflictos de ideas vigentes. «Los historiadores de la Revolución Francesa proyectan hacia el pasado sus sentimientos y sus juicios», dice Furet, para señalar ese persistente fenómeno de «la contaminación del pasado por el presente».

En su sagaz examen señala el historiador francés las «contradicciones flagrantes entre la sociedad revolucionaria y el mito revolucionario». Todas terminan por ser «historias de la identidad», como la entienden sus autores.

La historia de la América Latina no es excepción de esta regla sino evidente confirmación de la misma. Muy pocas veces ha logrado acercarse a la objetividad y más que los hechos del pasado parece reflejar las preocupaciones y las opiniones del presente. Las continuas antiposiciones aparecen a todo lo largo de los siglos de formación y desarrollo del mundo hispanoamericano y llegan a hacer casi inconciliables las contrarias versiones. Más que una historia ha sido un debate inacabable entre historiadores, que nunca ha llegado a resolverse ni a concluir. Ha sido una historia fundamentalmente polémica, más que la historia de un pueblo ha sido la de una disputa y una confrontación que siguen vigentes.

Se abre con la gran polémica, que en mitad del siglo xvi sostienen Las Casas y Sepúlveda y que, en lo esencial, sigue abierta todavía. Las dos grandes figuras contrapuestas personifican los dos criterios extremos sobre la conquista. Las Casas que la condena apasionadamente parece reducirla casi a las horribles proporciones de un crimen colectivo, condenable desde todos los puntos de vista, y Sepúlveda, que no solamente la justifica en nombre de las enseñanzas del Evangelio y de los filósofos de la Antigüedad, sino que la convierte en un ejemplo resplandeciente de la guerra justa. Ambos son extremistas llenos de pasión. La pasión fría en Sepúlveda y la ardiente en Las Casas, que los conduce a los extremos irreductibles de considerar a todos los indios poco menos que como bestias irracionales, o a todos los españoles como criminales sin remisión.

Ese debate, bajo otros términos y en otras formas, sigue abierto en nuestros días y distorsiona fatalmente la posibilidad de una historia objetiva. Quiérase que no todo historiador termina por ser reo presunto o confeso de hispanismo o de indigenismo extremos.

Es un caso arquetípico de la traslación de los valores morales a la historia, parecería que es más importante demostrar quién tenía de su parte la razón y la justicia, entre indígenas y españoles, que la necesaria comprensión de lo que realmente sucedió y de cómo se constituyó el Nuevo Mundo. De allí arranca la no desaparecida tendencia a considerar el pasado a la luz de los valores morales y convicciones políticas del presente, que llega hasta hoy, y de la que podrían citarse tantos ejemplos como hechos de importancia han ocurrido en esa historia.

El interés histórico genuino no está en saber quiénes obraban más de acuerdo con determinada razón o determinada justicia, sino en llegar a conocer y comprender cómo del choque cultural, en un extraño e inmenso escenario, entre españoles, indígenas y africanos, se formó el rico y fecundo mestizaje cultural de esa América.

La historiografía de la América Latina parece estar condicionada y determinada por dos grandes focos de distorsión, que son la Conquista y la Independencia. Ellos parecen definir toda su comprensión, provocar una división de las aguas de la que salen dos vertientes. De una parte los indigenistas extremos, que llegan poco menos que a condenar la formación de este Nuevo Mundo en nombre de una exaltación intransigente del pasado precolombino. En algunos casos parecieran considerar el gran hecho de esa creación cultural como una horrible desgracia o como un crimen sin término que les impide comprender y aún menos aceptar la nueva realidad.

De la otra, los españolizantes obtusos que siguen creyendo en la posibilidad de una presencia incontaminada y perpetua de la cultura española del siglo XVI, excluyente y dominante, sobre una masa sin voz ni presencia, condenada a imitar lo español y a olvidar un pasado enterrado, sin ninguna validez actual.

La Independencia refleja el mismo caso. Para muchos autores todavía se libra la batalla de Ayacucho, como si fueran cosa incongruente los españoles venidos a América y los nacidos en ella y como si no participaran plenamente de una misma raíz cultural y de un mismo drama histórico. Se habla de godos y patriotas como de dos especies extrañas la una a la otra y sin parentesco posible. Casi como si a principios del siglo XIX una potencia extranjera hubiera enviado sus ejércitos, al estilo napoleónico, a sojuzgar y someter a países extraños con los que nada tenía en común. Apenas hoy comenzamos a conocer la estrecha relación entre la guerra de independencia española y la hispanoamericana, la extensión a través del Atlántico del fenómeno de las Juntas de Gobierno autónomas, el estrecho parentesco entre el movimiento liberal de España y la lucha de los republicanos hispanoamericanos para crear un orden distinto del absolutismo tradicional, fundado en la libertad y la justicia. En su más profundo sentido comenzamos a comprender hoy que la independencia de Hispanoamérica es otro frente de la lucha entre liberales y serviles en un escenario distinto al de España.

Da la impresión, en algunos casos, de que se pretende

creer que la comunidad hispanoamericana surge a partir de 1810, sin antecedentes ni pasado, casi como una creación *ex nihilo*, dejando en el olvido los tres siglos de creación de una nueva sociedad que, en la tierra de América y en condiciones de originalidad, refleja los grandes sucesos del mundo y participa en las luchas ideológicas. No sólo Miranda sino todos los jefes de la Independencia americana nacen bajo el régimen colonial, se forman en él y es dentro de él que conciben el designio de llevar a sus últimas consecuencias el proceso de creación de una sociedad peculiar que había comenzado a cobrar fisonomía desde el día siguiente de la llegada de Colón.

La pérdida del sentido de la continuidad no es el menor de los daños que hace esta visión distorsionada. Da la impresión de que quienes piensan así se salen, inconscientemente, de la historia para meterse sin saberlo en los terrenos del mito y para hacer imposible alcanzar la visión totalizadora de una historia real.

Podemos decir que no son dos los focos distorsionadores sino uno solo. La Independencia se inscribe dentro de la polémica de la Conquista. No pocas veces los Libertadores invocaron los argumentos de Las Casas, que les llegaban renovados en el lenguaje de los enciclopedistas franceses.

La Independencia resulta así un capítulo, no el último pero sí el más importante, de la inacabable polémica de Sepúlveda y Las Casas, que a su vez, no es sino la expresión de la larga búsqueda de la propia identidad, en medio de un difícil proceso de mestizaje cultural y de trasplante y choque de hombres y concepciones, que no ha terminado todavía.

Podría trazarse la genealogía o las líneas de derivación de las dos posiciones de los dos antagonistas de la vieja polémica para identificar no pocos herederos y causahabientes de Las Casas y Sepúlveda.

La posición lascasiana la recoge con entusiasmo la Ilustración y le infunde nueva vida. De ella la toman los criollos y se van a nutrir los próceres de la Independencia. Los insurgentes recogen la herencia de Las Casas, desde el sentimiento de condenación moral de la Conquista hasta la mitificación del pasado indígena.

La posición de Sepúlveda resucita, en muchas formas, en los adversarios de la Ilustración. En una especie de gesto desesperado va a aferrarse a un pasado difunto para pretender conservarlo a toda costa en un tiempo distinto del mundo. No es una mera burla el haberlos llamados «godos».

Las dos posiciones las encarnan entre los criollos, no entre los jefes expedicionarios españoles, los patriotas y los realistas, con la misma pasión de los dos viejos contrincantes. La van a renovar los liberales y conservadores del siglo XIX y va a llegar hasta nuestros días en todas las formas de la pugna entre izquierdas y derechas.

Era fatal que los historiadores tomaran posición en muchas formas en cada bando, cada uno traía o reflejaba su versión de secta. Bastaría hojear sucintamente el rico catálogo de la historiografía hispanoamericana para poder hacer con facilidad la clasificación de unos y otros. Ha habido historias españolizantes o indigenistas, godos o liberales, progresistas o retrógrados, de izquierda o de derecha, en todas las formas imaginables.

Las historias nacionales han sido distorsionadas por el nacionalismo patriotero, además de las influencias ideológicas, y a su vez han contribuido a desfigurar la posibilidad de una historia continental y aún más de la comunidad hispánica. La querella pueblerina entre bolivarianos y sanmartinianos no sólo carece de sentido, sino que dificulta la verdadera comprensión del gran proceso común de la Independencia. No pocas veces han sido historiadores foráneos los que más se han acercado a la objetividad y a una noción global de la evolución histórica de la América Latina. Entre ellos habría que destacar muchos trabajos de investigación realizados en Universidades de los Estados Unidos y la obra de eminentes historiadores norteamericanos como Haring, Hanke o Griffith, entre otros.

No ha desaparecido la querella, las sombras de Sepúlveda y Las Casas y de sus descendientes espirituales sigue pesando. Ya es tiempo de escribir con el equilibrio y la objetividad posibles una historia que pronto va a cumplir cinco siglos, pero todavía queda demasiado de las distorsiones del pasado, mucho más de lo que debería quedar. Todo esto está asociado, como condición limitante, con la necesidad de definir una difícil identidad y de alcanzar una toma de conciencia que prepare para el futuro.

¿Dónde hallar la historia de la América Latina, en medio de tantas visiones parciales y parcializadas? Es un esfuerzo que está todavía, en gran parte, por hacerse. La historiografía americana es también un juego de espejos deformantes, de unos a otros la imagen reflejada cambia y parece mostrar a un ser distinto en cada ocasión.

UN MUNDO SIN NOMBRE

El nombre forma parte de la identidad. Lo sabían los lógicos, lo saben los taxonomistas, lo experimentan diariamente los escritores. Lo que no tiene nombre es como si no tuviera ser. En muchos sentidos nombrar es crear. Cuando decimos zorro no puede haber vacilación sobre la clase de animal a la que nos referimos, cuando decimos Rusia o Francia tampoco puede haberla pero cuando decimos América aparece la vacilación, la ambigüedad y la duda.

No es ajeno al viejo problema de identidad, que caracteriza a eso que llamamos la América hispana, la carencia de un nombre único, definido y satisfactorio.

En los primeros tiempos del Descubrimiento se llamó al Nuevo Continente las Indias, para más precisión pero no menor equívoco: las Indias Occidentales. Los lapones no son sino lapones, los africanos son los africanos y lo mismo los europeos, pero las Indias podían estar en Asia o en el Nuevo Mundo. Más tarde se supo que no era Asia pero los habitantes siguieron cubiertos con el nombre impropio de indios.

Cada región de la geografía americana recibió un nombre propio desde el comienzo. Hubo La Española, la Nueva España, el Perú, Virginia, Nueva Inglaterra. El nombre de América, que aparece sobre un divagante mapa del continente, de 1507, fue el fruto de una inspiración entusiasta por Vespucci de parte del cartógrafo Martín Waldseemuller y que sólo lentamente fue imponiéndose. Fue un prodigioso albur del destino. Desde el primer momento representará la cosa designada, con una correspondencia total que poco tuvo que ver, en su fabuloso destino, con el nombre o el recuerdo del navegante florentino. Era el perfecto equivalente de los nombres de las masas continentales conocidas hasta ese momento y tenía el don de una eufonía que se correspondía justamente a los viejos nombres continentales de Europa, Asia o África. La tierra y el nombre parecían predestinados el uno para el otro, para decirlo en el habla de los lingüistas, el significante y el significado se hicieron indisolubles.

Sobre el origen mismo del vocablo ha habido dudas y controversias, si fue una caprichosa adaptación de Amerigo o si fue un eco de nombres indígenas parecidos como «mara», «Marajó», «Maracapana», «Maracaibo», «maraca», «Paramaribo», y otros, o si fue un juego de palabras hecho por el admirador de Vespucci. Muchas cosas dignas de atención tenía el nuevo nombre, comenzaba por A como en el caso de Asia y África, y era nombre de mujer como el de los otros. No ha faltado algún psicoanalista que haya indagado en la significación psicológica de ese nombre.

El nombre se extendió pronto por el norte de Europa. Significativamente en la «Utopía» no se le nombra así, y ya al final del siglo XVI Montaigne, en su famosa disertación sobre los caníbales, lo llama: «ese otro mundo que ha sido descubierto en nuestro tiempo». Sin embargo, viajeros y cartógrafos comenzaron a emplearlo, especialmente para designar el perfil de la porción meridional, que fue la que primero se exploró. En mapas de 1532 en adelante aparece el nombre de América o de «la isla americana». A lo largo del siglo XVI se puede decir que el nombre que predomina es el de Nuevo Mundo, pero ya para el siglo siguiente cartógrafos y escritores del norte de Europa emplean preferentemente el de América. Shakespeare no lo nombra pero en «La tempestad» se habla del «brave new world» y aparece el simbólico personaje de Calibán, cuyo nombre es un evidente anagrama de «caníbal», el que a su vez es una corrupción del de Caribe («carina»), nombre de los indios guerreros que los conquistadores encontraron en las Antillas y en la costa venezolana.

En cambio, en España predominó decididamente el nombre de Indias. Se ha hablado de una resistencia española al nombre de América. Las Casas y Oviedo no mencionan otra cosa que «las Indias, Islas y Tierra Firme del Mar Océano». Al final del siglo XVII, la compilación de la legislación para el Nuevo Mundo, ordenada por Carlos II, se titula «Recopilación de leyes de los Reynos de Indias», y el propio rey habla de «mis reinos y señoríos de las Indias Occidentales, Islas y Tierra Firme del Mar Océano».

El predominio del nombre de Indias y su derivado indiano se mantiene inalterable durante el siglo XVIII. En el Diccionario de Autoridades, publicado por la Real Academia en 1726, casi dos siglos y medio después del Descubrimiento, no aparece la voz «americano», sino la de «indiano».

De manera muy reveladora el organismo superior de gobierno del nuevo continente se llamó Consejo de Indias desde la época de los Reyes Católicos hasta la de Isabel II. Sólo en 1834 fue finalmente abolido, cuando la América española era independiente. El equívoco original de Colón sobre las nuevas tierras y sus pobladores se había mantenido, al menos formalmente, de manera casi supersticiosa, por toda la duración del Imperio español.

Paulatinamente ocurrió una curiosa polarización a la que contribuyó la importancia creciente de los Estados Unidos desde su Independencia, que consistió en que el nombre de América predominó en los países del Norte y vino a aplicarse preferentemente a la parte septentrional del continente.

¿Eran o no eran americanos los de la parte ibérica? Geográficamente lo eran, pero no en España. Lo habitual fue designarlos como indianos o por el nombre de sus «reinos y señoríos» de origen: peruleros, cubanos, mexicanos, quiteños, etc. Con la difusión de los libros de la Ilustración, donde no se hablaba sino de americanos, debieron sentir la ambigüedad de su posición. Miranda en España no fue sino un caraqueño, pero en Inglaterra y en Francia era un americano. Desde luego, no un americano semejante a aquellos que él había conocido en la Guerra de Independencia de los Estados Unidos, sino distinto de un modo no fácil de precisar.

Ya en el lenguaje de los hombres de la Independencia el nombre que aparece es el de América. No sólo se llaman americanos sino que proyectan una unión continental que sume a todos los americanos. Bolívar pudo decir sin vacilar: «Nuestra patria es la América».

Con la Independencia de los Estados Unidos y su enorme repercusión en todo el mundo se inicia el incontenible proceso de apropiación del nombre de América y de americano.

No eran jurídicamente un Estado sino una federación sin otro nombre genérico que el de América, y por eso resolvieron llamarse Estados Unidos de América, casi sin percatarse de la usurpación que cometían. Allí comienza el equívoco. Ciertamente eran Estados americanos pero no eran, ni con mucho, los únicos que podían tomar ese nombre. La mayor parte de la población continental estaba en la porción ibérica. Cuando 34 años más tarde ocurre la Independencia de los países que habían formado parte de los imperios español y portugués adoptan sus viejos nombres provinciales.

Tal vez, si se hubiera podido cumplir el iluminado propósito bolivariano de establecer una unión entre todos ellos, se hubiera planteado dramáticamente la difícil cuestión.

Quedó en el Norte una nación creciente con el nombre de América y en el resto una veintena de países con nombres locales y distintos. De este modo, mientras en el mundo se conocía a los del Norte como Americanos, a los del Sur se les designaba por el nombre de sus países respectivos. Cuando Humboldt viene a redescubrir a América del Sur, no la llama por este nombre sino por el muy geográfico y evasivo de «regiones equinocciales del Nuevo Continente».

Era fatal que el despojo se produjera en favor de los Estados Unidos. No tenían otro nombre común y crecieron en poder e importancia mundiales de una manera asombrosa. Para 1823, cuando los países del Sur estaban en lo más arduo de la guerra de su Independencia, podía el presidente Monroe atreverse a detener las ambiciones europeas con la doctrina que lleva su nombre. La inmensa oleada de inmigración que se desbordó sobre los Estados Unidos en el siglo XIX hizo de ellos, entre los europeos, la única América y a sus hijos los solos americanos.

Mientras el inexorable proceso de apropiación crece y se afirma, los países hispanoamericanos no logran su unidad y continúan distinguidos ante el mundo por sus nombres locales.

El despojo del nombre impuso la necesidad de buscar designaciones diferentes para esa otra América. Todas reflejaban el angustioso problema de identidad y ninguna fue enteramente satisfactoria. Se llamó América Española, América Hispana, Ibero-América, América del Sur, América Latina y hasta se intentó proponer algunos otros, como Indo-América.

Los del Norte nunca tuvieron vacilación en el nombre, eran, se llamaban y se proclamaban americanos. Los otros tuvieron que buscar calificativos que los distinguieran.

Semejante caso no se ha dado en ningún otro ámbito continental. Europeos son todos los de Europa, asiáticos son todos los de Asia y africanos son todos los de África, sin que a ninguna porción de humanidad de esos continentes se le ocurra o pueda pretender apropiarse del nombre del continente respectivo. Nunca se ha pretendido, con todas las diferencias que existen entre ellos, reservar el nombre de europeos para los nacionales de algunos países, dejando al resto cubiertos con algún calificativo como latino-europeos, germano-europeos, anglo-europeos o eslavo-europeos. Todos son europeos con igual titularidad y no necesitan poner calificativo alguno para señalar su situación.

La larga reata de los nombres para ese otro mundo puede señalarse en su secuencia histórica, desde el de indiano o de criollo hasta el de latinoamericano. La variedad de los apelativos implica claramente una duda o una inseguridad sobre la propia personalidad. Cuando un hijo de los Estados Unidos dice ser americano expresa una convicción firme y segura de identidad. No es lo mismo cuando a un hombre de esa otra América de cambiante nombre se le pregunta qué es, o se le designa caprichosamente por alguna de las varias designaciones posibles.

No hay nombre enteramente inocente. «Nomen est omen», decían los antiguos. Alguna oscura o impenetrable relación hay entre el nombre y la cosa como lo saben los filósofos de la lingüística que, en los últimos años, se han esforzado en penetrar el misterio del lenguaje y la indudable correspondencia del nombre con el objeto. No es un mero azar o capricho nombrar algo sin que se cree o se revele una poderosa relación entre nombre y cosa. No se nombra sin razones ni consecuencias. Todo nombre representa misteriosamente la cosa nombrada. Hoy no podemos aceptar la afirmación de Shakespeare de que bajo otro nombre la rosa tendría el mismo grato aroma, posiblemente tendría la misma apariencia pero no sería exactamente lo que ha llegado a significar la rosa, cosa y nombre.

Llamarse latinoamericano o hispanoamericano no es exactamente equivalente. Hay un matiz de identidad diferente en esas palabras. El calificativo de latino crea instantáneamente un fantasma mental de ámbito histórico diferente del que puede crear el calificativo de hispano. Podría entrarse en un juego sin término, no enteramente gratuito, para señalar hasta qué grado es latinoamericano un boliviano o hasta cuál es indoamericano un cubano. No son palabras sinónimas. No es lo mismo llamar a un hombre Juan o Pedro o Diego. El nombre entra a formar parte de la personalidad. Aún más despersonalizante sería que se le llamara casual y alternativamente por cualquiera de los apellidos de sus cuatro abuelos. El sujeto que se encontrara en semejante situación terminaría por no saber quién es y por caer en una grave angustia existencial.

No hay identidad sin nombre. Cuando un romano dice que es un romano expresa una certidumbre sólida y segura, lo mismo ocurre con un francés o con un alemán, pero cuando un hombre de la otra América va a decir lo que es siente una vacilación y una duda porque ninguno de los apelativos usuales lo representa satisfactoriamente. ¿Es latinoamericano, es hispanoamericano o es indoamericano? Cada vez que recibe uno de esos nombres experimenta un insalvable sentimiento de mutilación. Cada vez que se le llama por uno u otro de esos apelativos siente que le han puesto una máscara distinta sobre el rostro. Tampoco resolvería la traumática cuestión llamándose americano.

No son indiferentes estas designaciones, detrás de cada una de ellas hay una tesis polémica y hasta una intención. El nombre de América Latina lleva ímplicito el propósito de disminuir el papel de España y de incorporar en la definición de ese espacio humano a Francia y a Italia, el de América Española reduce excesivamente el campo de los orígenes y la dimensión de las presencias culturales a la sola España y casi a la sola Castilla, Ibero-América no guarda relación estricta con la diferente formación y evolución de la colonización española y portuguesa y, desde luego, Indo-América distorsiona la realidad cultural, recoge la vieja polémica del padre Las Casas y sirve de bandera al indigenismo extremo. Los nombres meramente geográficos no ofrecen esa angustiosa duda, pero los calificativos fundados en designaciones culturales son necesariamente polémicos.

Si la presencia activa de las tres culturas en la América hispana ha creado y continúa creando un confuso problema de identidad, la vacilación y la duda sobre los nombres que corresponderían a toda la comunidad no ayuda en nada a resolver el problema.

La vacilación del nombre es parte importante de la vacilación sobre la identidad que ha caracterizado hasta hoy esa vasta parte del continente americano, y refleja y confirma la dificultad polémica de definir su identidad humana y cultural.

Sería atrevido decir si la ausencia de nombre influye en el problema de la identidad o si la duda sobre la identidad se manifiesta en la vacilación sobre el nombre.

¿QUIÉN DESCUBRIÓ AMÉRICA?

Con motivo de la proximidad de la gran fecha del Quinto Centenario del Descubrimiento de América, han recobrado una cierta vida las viejas hipótesis que niegan que Colón fuera el primer europeo que llegó al Nuevo Mundo.

Se ha desempolvado la vieja historia de la llegada del vikingo Leif Ericsson que pudo haber arribado a comienzos del siglo XI a la costa del actual Labrador. Se ha llegado a falsificar un mapa, que publicó una famosa universidad y que, luego, fue declarado falso y retirado de la circulación. En ese vago apunte cartográfico aparecían las islas boreales que habían conocido y colonizado los hombres del Norte, Islandia, Groenlandia, y un poco más al Oeste un inexacto perfil de costa a la que pusieron el estrafalario nombre de Vinlandia. El nombre mismo era un exabrupto porque nunca ha podido haber viñas en tan alta latitud.

Bien pudo Leif Ericsson y sus vikingos topar con una costa que les pareció ser de una isla, y a la que puso el nombre caprichoso de Vinlandia. Nadie se enteró entonces de esto, el Nuevo Continente no cambió en nada y posiblemente, tan sólo los índigenas más cercanos tuvieron noticia de la arribada de aquellos seres extraños. Tampoco lo supo Europa que continuó con su misma visión estrecha del mundo, tal como lo concebían los romanos y los hombres de la Edad Media. Ni Leif Ericsson se dio cuenta de adonde había llegado, ni Europa tuvo la menor noción de que se había hallado un continente desconocido que la obligaba a cambiar radicalmente todas sus nociones geográficas y toda su concepción de la humanidad y del planeta. Europa siguió siendo la misma, sin reflejar en nada el hecho del vikingo y el continente nuevo no experimentó ninguna modificación por ese suceso remoto, aislado y sin eco.

Esta porfía sin sentido deriva de una suerte de visión deportiva de los sucesos históricos. Se puede discutir quién fue el primer hombre que logró llegar a la cima del monte Everest, el más alto del mundo. Sabemos su nombre y la fecha, bastante reciente. Ese explorador, fuera del valor deportivo de su hazaña, nada descubrió, en nada cambió la mentalidad de su tiempo, no hizo ni podía hacer ninguna revelación que influyera en el destino de la humanidad. Puede que mañana aparezca alguien, con buenas pruebas, diciendo que otro trepamontañas había llegado antes a ese casi inalcanzable pico. Con esto tampoco nada cambiaría, sino una nomenclatura de los registros de hazañas deportivas. Si Leif Ericsson o algún otro llegó antes, sin saberlo y sin darlo a conocer, a aquel nuevo continente, eso no pasa de ser una marca deportiva, que en nada puede alterar la significación total del descubrimiento de América.

Colón no es uno de los personajes más importantes de la historia por haber sido el primero en llegar a cierta tierra desconocida sino por haberle revelado al viejo mundo la existencia de otro continente y por haber determinado con ese hecho un inmenso cambio en la mentalidad y el destino de todos los hombres.

Lo que el mundo entero ha de commemorar en 1992 no es el hecho audaz de que alguien hubiera atravesado el Atlántico por primera vez, sino el inmenso acontecimiento de la incorporación del continente americano a la historia universal, y eso ocurrió con el viaje de las tres carabelas y de ningún modo antes.

Basta hojear a la ligera las reacciones contemporáneas que suscitó el maravilloso hallazgo. Los humanistas, los filósofos, los hombres más cultos de Europa y, desde luego, los reyes y gobernantes experimentaron un cambio radical de visión y de perspectiva. Viejas ideas aceptadas quedaron sin valor, se adquirió una visión global del planeta y de la humanidad, se renovaron viejos sueños sobre el Paraíso Terrenal hallado y sobre la posibilidad de la felicidad de los hombres sobre la tierra, se creó la poderosa corriente del pensamiento utópico, que iba a cuestionar todas las formas de vida política y social que habían permanecido, sin objeción, en Europa, y a sembrar la semilla de la era de las revoluciones. Podríamos decir que Colón engendra la Utopía de Tomás Moro y ésta, a su vez, engendra la tendencia revisionista y universal del pensamiento humanista y, más tarde, todo el movimiento de ideas de la Ilustración que habrá de desembocar en la Revolución Francesa. Se podría decir, sin exageración, que Colón es el padre de la poderosa utopía revolucionaria que ha marcado tan profundamente nuestro tiempo.

El nuevo mundo no fue sólo el que hallaron los navegantes españoles, sino el planeta entero. Una cosa fue la humanidad antes del Descubrimiento de 1492 y otra cosa después. Todo pareció cambiar desde la mentalidad hasta el vocabulario y las costumbres. Lo que brotó de aquel gran hecho fue una vasta renovación del género humano. El planeta entero, y no solamente el continente recién hallado fue, a partir de ese hecho, Nuevo Mundo.

Ese inmenso acontecimiento es el que todos los seres humanos van a celebrar el 12 de octubre de 1992 y, de ninguna manera, la hazaña deportiva del primer hombre que atravesó el Atlántico.

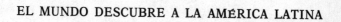

EL MUNDO DESCUBRE A LA AMÉRICA LATINA

América, lo sabemos, ha sido y en cierta forma sigue siendo una creación intelectual de Europa. Lo que pensaban las grandes civilizaciones indígenas de ellas mismas y su visión del mundo apenas lo conocemos de un modo incompleto y fragmentario. Lo que vieron los primeros europeos lo conocemos bien. Salieron de Europa geográficamente pero no mentalmente. Llevaban sobre ellos, como la concha de un molusco, una concepción pertinaz del hombre y de su condición. Vieron ante todo, o se empeñaron en ver, lo que de europeo podía hallarse en aquel nuevo espacio humano. Creían haber hallado, al fin, la realidad de sus más viejos mitos. Habían encontrado o iban a encontrar el Paraíso Terrenal, la Edad de Oro de los griegos, el legendario reino de las Amazonas o el emporio de toda la riqueza del mundo en la alucinación de El Dorado.

El nacimiento del pensamiento utópico es una buena muestra de esa incomprensión. Lo que se veía en las nuevas tierras no era la posibilidad de una nueva humanidad y una situación histórica nueva, sino la causa de los males de Europa. Tomás Moro y su larga descendencia, con una falsa visión del mundo americano, sembraron el fermento de todas las transformaciones y revoluciones políticas que han agitado y transformado el Mundo desde el siglo XVII hasta nuestros días.

En otras partes me he detenido a considerar esta singular situación y sus vastos y perdurables efectos. Ha sido un largo y dramático proceso acercarse a conocer la realidad de ese mundo, nacido del mestizaje entre tres culturas inasimilables: la española, la indígena y la africana, que produjeron una nueva mentalidad y una nueva situación humana que no ha sido fácil reconocer. Se tendió a ver al hispanoamericano como un inmaduro aprendiz y un imperfecto copista de lo europeo. De parte de los europeos había empeño en destacar lo salvaje e inasimilable y de parte de los criollos a sentirse españoles desdeñados.

A pesar de la admirable obra que realizaron los misioneros para conocer y describir las culturas americanas, entre las que destaca el testimonio incomparable de Sahagún, lo que se siguió viendo y conociendo del otro lado del océano siempre fue incompleto y deformado.

Podrían señalarse muchas comprobaciones de este hecho. Lo americano que aparece en el teatro de Lope de Vega carece de autenticidad y es superficial, a lo sumo se presenta en las comedias de la época la figura risible del indiano, de aquel ser estrafalario que pretendía ser igual a los demás españoles y evidentemente no lo era. Lo que llega a la literatura francesa es aún más inexacto. Las referencias que hace Voltaire a las Indias son superficiales y ligeras. Cándido viene a América pero sólo para incorporarse a los buscadores de El Dorado, para sufrir la Inquisición o para toparse con los jesuitas del Paraguay. Los incas de Marmontel son totalmente falsos. Esta actitud no cambia ni siquiera en las obras pretendidamente dedicadas al estudio serio del Nuevo Mundo. La más famosa e influyente de todas, la del abate Raynal, carece de toda veracidad y presenta un cuadro tan desfigurado y falso que no permitía comprender nada. Lo curioso y revelador es que los criollos mismos cayeron en este vicio y que Raynal se volvió para ellos, con todas sus faltas de información y sus falsificaciones flagrantes, en el libro más autorizado sobre su propia circunstancia y sobre el cual se fundó mucho del pensamiento ilustrado en Hispanoamérica a fines del XVIII. Tan falsa era esta imagen como la de aquellos ilustradores y dibujantes del XVII que imaginaron unos indios revestidos del teatral aspecto de los héroes griegos. Llegaron a crear de esta forma una etnografía imaginaria, que ni los propios naturales de América se atrevían a rechazar. Tanto era el prestigio europeo.

Un mestizo de genio, como el inca Garcilaso, revela con conmovedora elocuencia esta situación. Cuando escribe los «Comentarios reales», en los que se esfuerza en salvar y reivindicar el pasado incaico no deja de hacerlo desde una actitud española. No pasa por su mente la menor duda de que la razón y la verdad finales están del lado de los europeos. Habla con toda firmeza de creencia y posición como un católico tradicional de España y no deja de lamentar que sus antepasados indígenas vivieran en el error y la ignorancia de la verdadera fe. Tampoco parece vacilar en la comparación de las dos civilizaciones, elogia a los incas y a sus hechos, pero como cosa del pasado, sin vigencia en el presente, y se muestra convencido de la superioridad de la civilización peninsular.

El caso no fue distinto con las creaciones artísticas: los grandes monumentos indígenas se vieron con asombro por sus dimensiones pero casi no aparece en las descripciones de Tenochtitlán o del Cuzco alguna apreciación de su belleza. De la arquitectura colonial, tan rica y original, se celebra la grandeza de la catedral de México y de otros monumentos, pero casi nunca hay referencia alguna a su originalidad estilística. Esa creación estética indudable, que fue lo que más tarde se llamó el barroco de Indias, mereció poca atención. Esos maravillosos templos que produce el mestizaje cultural y que son algunas de las más delicadas creaciones del arte universal, no merecen ninguna consideración seria. No hay en las artes europeas ninguna influencia de regreso notable. Los estilos españoles continuaron evolucionando como si no se hubiera producido el hecho americano. No pasó nada parecido a lo que provocó en Francia y en otros países la llegada de las primeras porcelanas chinas de la «Compagnie des Indes».

En las artes plásticas el caso no es diferente. En los tres siglos del régimen español se produjeron pintores y escultores del más alto mérito y originalidad. Desde Europa se les veía poco más que como balbuceantes aprendices de un arte que allá había llegado a madurez y esplendor insuperables. Apenas en algunos retratistas del siglo XVII y XVIII de Europa aparece de vez en cuando una decorativa guacamaya.

Es imposible hallar en los tratados sobre pintura de la época ninguna referencia al arte que se hacía del otro lado del mar. Alguna vez me he referido al caso extremo de la visión que los criollos llegaron a tener, a través de la literatura europea, del indígena americano. Más que el conocimiento directo y el contacto secular con las culturas indígenas y sus representantes, pudo la imagen falsa que crearon escritores del Viejo Mundo. El caso de la «Atala» de Chateaubriand es digno de señalarse. Se trataba de un idilio dulzarrón en el que el gran escritor francés, que poco conocía las tierras americanas, deformaba y falsificaba el carácter y la realidad del indio americano, sin embargo, fue tanto el prestigio del romanticismo literario que en toda Hispanoamérica, se escribieron imitaciones, más o menos veladas, de «Atala» hasta la segunda mitad del siglo XIX.

Los forjadores de la Independencia fueron, acaso, los primeros que reconocieron en toda su importancia la peculiaridad de la América Latina y las grandes diferencias que la separaban de los modelos políticos y sociales de Europa. Pero esto no pasó más allá de un planteamiento de carácter político. En lo literario y artístico se siguió viviendo en la imitación de los modelos extranjeros.

Esta situación la revela con toda claridad el gran historiador y crítico de la literatura española, Marcelino Menéndez y Pelayo. En 1892, con motivo del Cuarto Centenario del Descubrimiento, resolvió la Academia Española encomendarle la formación de una antología de las letras de la América española. Los comentarios fueron publicados más tarde bajo el título de «Historia de la poesía hispanoamericana». Nada es más revelador, a este respecto, que lo que expresa en la nota de introducción que refleja fielmente la mentalidad de su tiempo. La designa como «la poesía castellana del otro lado de los mares» para darle «entrada oficial en el tesoro de la literatura española, al cual hace mucho tiempo que debía estar incorporada».

Será necesario aguardar el final del siglo XIX para que se comience a reconocer la originalidad latinoamericana. Son Rubén Darío y sus seguidores quienes provocan la percepción de su innegable autenticidad. Por primera vez en cuatro siglos, la poesía hecha por hispanoamericanos influye poderosamente en las letras españolas. Rubén Darío causa un deslumbramiento en los círculos literarios de España e influye directamente en un cambio significativo de expresión y estilo. Es lo que se ha llamado el Modernismo, que es el primer movimiento originado en tierra americana que desborda sobre la literatura española. Todos los grandes poetas peninsulares de la época reconocieron su inmensa deuda con Darío.

Sin embargo, la situación de desconocimiento y desdén perduró por mucho tiempo. He recordado la actitud y la expresión de Alfonso Reyes ante la primera reunión del Pen Club en la América del Sur, en Buenos Aires. Expresaba, dolidamente, una situación inmerecida de marginalidad y desdén. Señalaba varias «fatalidades concéntricas» que aislaban a la literatura hispanoamericana y dificultaban el reconocimiento de sus valores.

El gran hecho de la Revolución Mexicana, que llamó la atención del mundo exterior, trajo un despertar del interés por aquel remoto y olvidado continente y sus gentes. De ella surgió la primera afirmación universal de una presencia artística. Un aprendiz de cubista, que buscaba su camino en Francia, descubrió de pronto la realidad de su pueblo y de su situación cultural y la expresó poderosa y originalmente en una de las formas más antiguas y directas de las artes plásticas, en la pintura mural. Hablo del gran Diego Rivera, que nada inventó pero que logró deslumbrar al mundo de los críticos de arte, con la presentación de una vieja realidad soterrada y negada.

El arte de Rivera y de los grandes muralistas mexicanos rechaza toda modernidad europea y parece ir a buscar modelos y ejemplos en los muralistas de principios del Renacimiento. Si hubiera sido así no se trataría sino de un embeleco, de un truco ingenioso, por el cual se resucitaba con aspectos de novedad un viejo arte del pasado. La verdad es que, aparte de la técnica de la pintura al fresco para entonces ya muy olvidada, los muralistas parecen colocarse en una intemporalidad en la que logra entrar toda una historia de siglos y todo un pueblo rico en matices. Estaban realizando un arte verdaderamente mexicano, que hablaba un lenguaje desconocido por medio de representaciones inusitadas en esa hora de Europa. Por primera vez ante los ojos de Occidente aparecía sin disfraces un arte puramente hispanoamericano con toda su inconfundible individualidad frente al cual no había como buscar genealogías plásticas, ni lecciones de escuelas.

Por la misma época en que los muralistas hacen su revelación pictórica, va a hacerse conocer en el mundo una literatura latinoamericana que no sigue las modas europeas. Comienza con los relatos, casi épicos, de Gallegos, Rivera y Güiraldes. Eran novelas que seguían, externamente, una estructura conocida, pero que no eran asimilables a ninguno de los modelos de la novela europea. Sin imitaciones románticas, realistas o naturalistas, con gran libertad ante los modelos acatados, se daban a reflejar una condición, ya no pintoresca como en el costumbrismo, sino auténtica y reveladora, como en todos los grandes momentos de la creación literaria.

Esto no fue sino un comienzo. Poco después surgen los narradores que van a crear el realismo mágico, que representa un hecho literario puramente latinoamericano. Hay quienes, superficialmente, han creído ver en este gran momento una influencia del surrealismo. No es cierto. El surrealismo era un juego de prestidigitación intelectual por el cual se escamoteaba la realidad familiar y se presentaba una conjunción de aspectos incongruentes irreconciliables. Las desiertas ciudades de Chirico, los «collages» inesperados de Max Ernst, o las jirafas con gavetas en el cuello de Dalí. Lo que el realismo mágico hispanoamericano logra no es crear alguna forma de sobrerrealidad desconocida y gratuita, sino reflejar una realidad verdadera pero insólita para el resto del mundo. Era, simplemente redescubrir como eran y habían sido los criollos, como era la realidad del mestizaje cultural con sus sorprendentes mezclas y, dejando de lado modelos y tendencias extraños, decir con lenguaje y sensibilidad propios una realidad peculiar e insólita.

Hay un momento muy revelador cuando Paul Valery, lleno de asombro y desasosiego, escribe un breve prólogo para el primer libro de Miguel Ángel Asturias: «Leyendas de Guatemala». Valery se encuentra ante lo insólito y lo inhabitual y lo dice. Aquello no se parece a nada de lo que él ha conocido y es, sin embargo, de una belleza y autenticidad innegables. Se siente colocado fuera de sus parámetros ordinarios y dice que aquella lectura fue para él como un filtro de magia. Era, por boca del gran pontífice de las letras europeas, el reconocimiento solemne de que había una literatura latinoamericana autónoma y distinta, que no imitaba modelos extranjeros.

Así comienza el reconocimiento de la existencia de una literatura que tiene una personalidad y caracteres propios. No es que antes no hubiera existido. Desde el inca Garcilaso hasta Darío hay una expresión, una manera y una sensibilidad que no son europeas, que aun en las ocasiones en que parece seguir un modelo francés, se aparta irremediablemente de él para dar otra cosa diferente y propia. A esto le dieron poca importancia los críticos e historiadores de la literatura, si es que llegaban a prestar alguna atención a las letras latinoamericanas. Es a partir de los años 30 cuando esa presencia se hace innegable y adquiere una resonancia universal. No sólo no se imita modelos europeos, sino que se suscitan imitaciones e influencias en las viejas literaturas. Esta nueva situación se confirma con la presencia de los grandes narradores que surgen en esa época y en la inmediata siguiente para encontrar su mayor expansión mundial en las obras de García Márquez, de Borges, de Carpentier y de muchos otros.

Cuatro premios Nobel de Literatura, los últimos tres en sucesión rápida, no han añadido nada a la calidad excepcional de Gabriela Mistral, Miguel Ángel Asturias, Neruda o García Márquez, pero reflejan el interés de los grandes centros intelectuales por este fenómeno, aparentemente inexplicable.

Algo semejante ha ocurrido en las artes plásticas. La curiosidad universal se sorprendió con la presencia de un arte original y lleno de vitalidad. Nombres locales aparecieron en las grandes ventas de las más famosas firmas de subasta de arte, para cotizarse a precios nunca antes conocidos. Para citar sólo dos casos, recordaré el eco de la obra del colombiano Botero y la poderosa creación cinética del venezolano Soto. Cuando tuve la oportunidad de visitar las grandes exposiciones unipersonales que a Soto le dedicaron el Museo Cugenheim, en Nueva York, y el Centro Pompidou, en París, sentí con emoción que el arte latinoamericano había alcanzado su plena fuerza y reconocimiento y entraba, a parte entera, en el gran proceso de la creación y expresión de la sensibilidad de nuestro tiempo.

Los nombres que habría que citar son muchos y van desde Wilfredo Lam, con sus fantasmas africanos, hasta Rufino Tamayo y los cinéticos y abstractos.

Si hoy se contempla a la América Latina con otros ojos, si hoy se la considera como una fuente de creación cultural, si se le da un rango y un tratamiento, que ya no es el de la simpatía benevolente o el del estímulo generoso, no se debe solamente al peso de su petróleo o de su hierro, de sus ganados y sus cosechas, de sus tres o cuatro centenares de millones de habitantes, o de sus industrias, sino también, y sobre todo, a la presencia creadora que le han dado sus grandes escritores y artistas en el escenario universal. Cuando se llega a respetar una literatura es imposible no respetar al pueblo que la produce.

REALISMO MÁGICO

Desde 1929 y por algunos años tres jóvenes escritores hispanoamericanos se reunían, con cotidiana frecuencia, en alguna terraza de un café de París para hablar sin término de lo que más les importaba que era la literatura de la hora y la situación política de la América Latina que, en el fondo, era una misma y sola cosa. Miguel Ángel Asturias venía de la Guatemala de Estrada Cabrera y Ubico, con la imaginación llena del Popol-Vuh, Alejo Carpentier había salido de la Cuba de Machado y yo venía de la Venezuela de Gómez. En Asturias se manifestaba, de manera casi obsesiva, el mundo disuelto de la cultura maya, en una mezcla fabulosa en la que aparecían, como extrañas figuras de un drama de guiñol, los esbirros del Dictador, los contrastes inverosímiles de situaciones y concepciones y una visión casi sobrenatural de una realidad casi irreal. Carpentier sentía pasión por los elementos negros en la cultura cubana. Podía hablar por horas de los santeros, de los ñáñigos, de los ritos del vudú, de la mágica mentalidad del cubano medio en presencia de muchos pasados y herencias. Yo, por mi parte, venía de un país en el que no predominaban ni lo indígena, ni lo negro, sino la rica mezcla inclasificable de un mestizaje cultural contradictorio. La política venía a resultar un aspecto, acaso el más visible, de esas situaciones de peculiaridad que poco tenían que ver con los patrones europeos. ¿Qué podía haber en común entre el señor Poincaré y Estrada Cabrera, Machado y Gómez, y qué podría identificar al maestro de Escuela de Guatemala convertido en tirano, al rumbero y trágico habanero tradicional que era Machado y al caudillo rural, astuto e instintivo, que era Gómez? Lo que salía de todos aquellos relatos y evocaciones era la noción de una condición peculiar del mundo americano que no era posible reducir a ningún modelo europeo. Se pasaban las horas evocando personajes y situaciones increíbles. Estrada Cabrera y sus poetas, el siniestro hombre de la mulita que recorría solitario y amenazante las calles de Guatemala, Machado y aquella Cuba rumbosa, rumbera y trágica, y Gómez, su misterio rural rodeado de sus doctores sutiles y de sus silenciosos «chácharos».

Nos parecía evidente que esa realidad no había sido reflejada en la literatura. Desde el romanticismo, hasta el realismo del XIX y el Modernismo, había sido una literatura de mérito variable, seguidora ciega de modas y tendencias de Europa. Se había escrito novelas a la manera de Chateaubriand, o de Flaubert, o de Pereda, o de Galdós, o de D'Annunzio. Lo criollo no pasaba de un nivel costumbrista y paisajista. Ya Menéndez y Pelayo había dicho que el gran personaje y el tema fundamental de la literatura hispanoamericana era la naturaleza. Paisaje y costumbrismo, dentro de la imitación de modelos europeos, constituían los rasgos dominantes de aquella literatura, que parecía no darse cuenta del prodigioso mundo humano que la rodeaba y al que mostraba no haberse puesto a contemplar en su peculiaridad extraña y profunda.

Era necesario levantar ese oscuro telón deformador que había descubierto aquella realidad mal conocida y no expresada, para hacer una verdadera literatura de la condición latinoamericana.

Por entonces, Miguel Ángel Asturias, que trabajaba en «El señor Presidente», publicó sus «Leyendas de Guatemala». Produjo un efecto deslumbrante; en ellas expresaba y resucitaba una realidad casi ignorada e increíble, resucitaba el lenguaje y los temas del «Popol Vuh», en una lengua tan antigua y tan nueva que no tenía edad ni parecido. Por el mismo tiempo, Carpentier escribió su novela negra «Ecue Yamba O», llena de magia africana y de realidad sorprendente, al igual que yo terminé y publiqué mi primera novela «Las lanzas coloradas».

Se trataba, evidentemente, de una reacción. Reacción contra la literatura descriptiva e imitativa que se hacía en la América hispana, y también reacción contra la sumisión tradicional a modas y escuelas europeas. Se estaba en la gran época creadora y tumultuosa del surrealismo francés, leíamos, con curiosidad, los manifiestos

136

de Bretón y la poesía de Eluard; y de Desnos, e íbamos a ver «El perro andaluz» de Buñuel, pero no para imitarlos o para hacer surrealismo.

Más tarde algunos críticos literarios han querido ver en esa nueva actitud un mero reflejo de aquellos modelos. Alguna influencia hubo, ciertamente, y no podía menos que haberla, pero es desconocer el surrealismo o desconocer esa nueva corriente de la novelística criolla pensar que son la misma cosa bajo diferentes formas y lenguaje.

El surrealismo es un juego otoñal de una literatura aparentemente agotada. No sólo se quería renovar el lenguaje sino también los objetos. Se recurría a la incongruencia, a la contradicción, a lo escandaloso, a la búsqueda de lo insólito, para producir un efecto de asombro, un choque de nociones y percepciones incoherentes y un estado de trance o de sueño en el desacomodado lector. Era pintar relojes derretidos, jirafas incendiadas, ciudades sin hombres, o poner juntos las nociones y los objetos más ajenos y disparatados, como el revólver de cabellos blancos, o el paraguas sobre la mesa del quirófano. En el fondo era un juego creador, pero sin duda un juego que terminaba en una fórmula artificial y fácil.

Lo que se proponían aquellos escritores americanos era completamente distinto. No querían hacer juegos insólitos con los objetos y las palabras de la tribu, sino, por el contrario, revelar, descubrir, expresar, en toda su plenitud inusitada esa realidad casi desconocida y casi alucinatoria que era la de la América Latina para penetrar el gran misterio creador del mestizaje cultural. Una realidad, una sociedad, una situación peculiares que eran radicalmente distintas de las que reflejaba la narrativa europea.

De manera superficial, algunos críticos han evocado a este propósito, como antecedentes válidos, las novelas de caballería, «Las mil y una noches» y toda la literatura fantástica. Esto no puede ser sino el fruto de un desconocimiento. Lo que caracterizó, a partir de aquella hora, la nueva narrativa latinoamericana no fue el uso de una desbordada fantasía sobrepuesta a la realidad, o sustituta de la realidad, como en los cuentos árabes, en los que se imaginan los más increíbles hechos y surgen apariciones gratuitas provocadas por algún poder sobrehumano o de hechicería. En los latinoamericanos se trataba de un realismo peculiar, no se abandonaba la realidad, no se prescindía de ella, no se la mezclaba con hechos y personificaciones mágicas, sino que se pretendía reflejar y expresar un fenómeno existente pero extraordinario dentro de los géneros y las categorías de la literatura tradicional. Lo que era nuevo no era la imaginación sino la peculiar realidad existente y, hasta entonces, no expresada cabalmente. Esa realidad, tan extraña para las categorías europeas, que había creado en el nuevo mundo, tan nuevo en tantas cosas, la fecunda y honda convivencia de las tres culturas originales en un proceso de mezcla sin término, que no podía ajustarse a ningún patrón recibido. No era un juego de la imaginación, sino un realismo que reflejaba fielmente una realidad hasta entonces no vista, contradictoria y rica en peculiaridades y deformaciones, que la hacían inusitada y sorprendente para las categorías de la literatura tradicional.

No se trataba de que surgiera de una botella un «efrit», ni de que frotando una lámpara apareciera un sueño hecho realidad aparente, tampoco de una fantasía gratuita y escapista, sin personajes ni situaciones vividas, como en los libros de caballerías o en las leyendas de los románticos alemanes, sino de un realismo no menos estricto y fiel a una realidad que el que Flaubert, o Zola o Galdós usaron sobre otra muy distinta. Se proponía ver y hacer ver lo que estaba allí, en lo cotidiano, y parecía no haber sido visto ni reconocido. Las noches de la Guatemala de Estrada Cabrera, con sus personajes reales y alucinantes, el reino del Emperador Cristophe, más rico en contrastes y matices que ninguna fantasía, la maravillante presencia de la más ordinaria existencia y relación.

Era como volver a comenzar el cuento, que se creía saber, con otros ojos y otro sentido. Lo que aparecía era la subyacente condición creadora del mestizaje cultural latinoamericano. Nada inventó, en el estricto sentido de la palabra, Asturias, nada Carpentier, nada Aguilera Malta, nada ninguno de los otros, que ya no estuviera allí desde tiempo inmemorial, pero que, por algún motivo, había sido desdeñado.

Era el hecho mismo de una situación cultural peculiar y única, creada por el vasto proceso del mestizaje de culturas y pasados, mentalidades y actitudes, que aparecía rica e inconfundiblemente en todas las manifestaciones de la vida colectiva y del carácter individual. En cierto sentido, era como haber descubierto de nuevo la América hispana, no la que habían creído formar los españoles, ni aquella a la que creían no poder renunciar los indigenistas, ni tampoco la fragmentaria África que trajeron los esclavos, sino aquella otra cosa que había brotado espontánea y libremente de su larga convivencia y que era una condición distinta, propia, mal conocida, cubierta de prejuicios que era, sin embargo, el más poderoso hecho de identidad reconocible.

Los mitos y las modalidades vitales, heredados de las tres culturas, eran importantes pero, más allá de ellos, en lo más ordinario de la vida diaria surgían concepciones, formas de sociabilidad, valores, maneras, aspectos que ya no correspondían a ninguna de ellas en particular.

Si uno lee, con ojos europeos, una novela de Asturias o de Carpentier, puede creer que se trata de una visión artificial o de una anomalía desconcertante y nada familiar. No se trataba de un añadido de personajes y sucesos fantásticos, de los que hay muchos y buenos ejemplos desde los inicios de la literatura, sino de la revelación de una situación diferente, no habitual, que chocaba con los patrones aceptados del realismo. Para los mismos hispanoamericanos era como un redescubrimiento de su situación cultural. Esta línea va desde «Las leyendas de Guatemala» hasta «Cien años de soledad». Lo que García Márquez describe y que parece pura invención, no es otra cosa que el retrato de una situación peculiar, vista con los ojos de la gente que la viven y la crean, casi sin alteraciones. El mundo criollo está lleno de magia en el sentido de lo inhabitual y lo extraño.

La recuperación plena de esa realidad fue el hecho fundamental que le ha dado a la literatura hispanoamericana su originalidad y el reconocimiento mundial.

Por mucho tiempo no hubo nombre para designar esa nueva manera creadora, se trató, no pocas veces, de asimilarla a alguna tendencia francesa o inglesa, pero, evidentemente, era otra cosa.

Muchos años después de la publicación de las primeras obras que representaban esa novedad, el año de 1949, mientras escribía un comentario sobre el cuento, se me ocurrió decir, en mi libro «Letras y hombres de Venezuela»: «Lo que vino a predominar... y a marcar su huella de una manera perdurable fue la consideración del hombre como misterio en medio de los datos realistas. Una adivinación poética o una negación poética de la realidad. Lo que, a falta de otra palabra, podría llamarse un realismo mágico». ¿De dónde vino aquel nombre que iba a correr con buena suerte? Del oscuro caldo del subconsciente. Por el final de los años 20 yo había leído un breve estudio del crítico de arte alemán Franz Roh sobre la pintura postexpresionista europea, que llevaba el título de «Realismo mágico». Ya no me acordaba del lejano libro pero algún oscuro mecanismo de la mente me lo hizo surgir espontáneamente en el momento en que trataba de buscar un nombre para aquella nueva forma de narrativa. No fue una designación de capricho sino la misteriosa correspondencia entre un nombre olvidado y un hecho nuevo.

Poco más tarde Alejo Carpentier usó el nombre de «lo real maravilloso» para designar el mismo fenómeno literario. Es un buen nombre, aun cuando no siempre la magia tenga que ver con las maravillas, en la más ordinaria realidad hay un elemento mágico, que sólo es advertido por algunos pocos. Pero esto carece de importancia.

Lo que importa es que, a partir de esos años 30, y de una manera continua, la mejor literatura de la América Latina, en la novela, en el cuento y en la poesía, no ha hecho otra cosa que presentar y expresar el sentido mágico de una realidad única.

CON LA CULTURA HEMOS TOPADO

Una de las más dramáticas experiencias del mundo actual arroja mucha luz sobre el complejo, y todavía no bien conocido, proceso de la colonización española en el continente americano. Lo que los españoles pretendieron realizar en aquellas Indias desconocidas no es, en lo fundamental, muy distinto de lo que, bajo otros nombres y circunstancias, se ha tratado de alcanzar en nuestros días para incorporar los países del Tercer Mundo al ideal de desarrollo de las modernas sociedades industriales.

Los problemas no son diferentes, las dificultades y las frustraciones de los planificadores internacionales en los llamados países en desarrollo tienen su antecedente más significativo en aquella larga experiencia histórica, todavía mal estudiada, en la que España se empeñó en trasplantar su civilización y sus formas de sociabilidad a un espacio geográfico nuevo y a una comunidad humana que, en diferentes variedades, representaba una mentalidad no sólo distinta sino antagónica e incompatible.

Después de la Segunda Guerra Mundial se afirmó la idea del desarrollo como el objeto principal de las políticas nacionales y de la internacional de los Estados surgidos de la liquidación de los imperios coloniales. Parecía una idea relativamente nueva, no bien definida y que significaba básicamente el propósito de lograr que las antiguas colonias liberadas pudieran sobrepasar las limitaciones y consecuencias de una economía de agricultura tradicional y artesanía para alcanzar los niveles de bienestar, riqueza y estructura social y económica que habían llegado a caracterizar la sociedad industrial en los Estados Unidos y la Europa Occidental.

Era, en realidad, la escogencia de un modelo de sociedad y de un proyecto para el futuro basado en el desarrollo industrial y financiero y en la productividad creciente. Se esperaba poder extender al mundo atrasado los sistemas de producción y niveles de vida y consumo y las costumbres que caracterizaban las sociedades avanzadas de Occidente. Las revistas ilustradas, el cine, la radio y, más tarde, la televisión difundieron el alucinante ejemplo de ese estilo de vida a los más apartados rincones de la tierra. Se crearon, de esta manera, expectativas, esperanzas y metas que poca relación mantenían con la situación de los nuevos Estados.

Con cierto simplismo, muy propio de especialistas, se llegó a pensar que sería suficiente inyectar capitales, aportar recursos técnicos y materiales y diseñar un plan de crecimiento para que lo que ocurrió en Inglaterra, del siglo XIX o en los Estados Unidos, o en Europa en general, se repitiera en cualquier nación de África, Asia o América Latina.

Se pasaba por alto, de este modo, muy peligrosamente el hecho fundamental de que el tipo de desarrollo que alcanzaron aquellos países no había sido el fruto de la adopción de un modelo, de la ayuda exterior o de la aplicación de un plan elaborado por especialistas, sino la consecuencia, natural de unas circunstancias históricas y sociales que se habían dado en ellos en cierto momento determinado.

En la Inglaterra del siglo XVIII, por una serie de causas históricas, geográficas y de mentalidad se desarrolló una cierta actitud ante la vida que es visible a través de los acontecimientos de la época y que se pone de manifiesto ya en la revolución de Cromwell. Una afirmación del individualismo, una moral práctica y militante, una noción del trabajo y del ahorro como virtudes fundamentales, una peculiar noción del tiempo como instrumento y de la riqueza como responsabilidad ante Dios y ante nosotros mismos.

Mucho antes de que se hubieran inventado la máquina de vapor y los primeros mecanismos de trabajo aplicados a la industria, había ocurrido una notable transformación en el trabajo del campo. El granjero inglés, con su selección de sementales y semillas, llegó a ser pronto uno de los más productivos de Europa. La máquina, más que la causa fue la consecuencia de una cierta mentalidad inclinada al trabajo y a la producción. La llamada revolución industrial fue un fruto de ese medio cultural tan peculiar. Esta mentalidad y esta manera de ser son las que se extienden a la América inglesa por medio de los colonizadores puritanos. El núcleo familiar dedicado al trabajo de la tierra como unidad fundamental de la estructura social y económica. Era la misma actitud que conducía a la afirmación necesaria de la libertad y de la igualdad.

Es lo que el historiador británico G. M. Trevelyan llama, refiriéndose a la misma época, «el instinto inglés de mejorar cada quien» y que el historiador norteamericano Charles A. Beard, al señalar los caracteres peculiares de la colonización de los futuros Estados Unidos, expresa enfáticamente: «de entre todos los países europeos sólo Inglaterra tenía en abundancia hombres y mujeres habituados al duro trabajo de los campos y, sin embargo, libres de la servidumbre del suelo».

Ese impulso individual que lleva al mejor aprovechamiento de los recursos naturales, al continuo crecimiento de la productividad y como consecuencia al aumento general de la riqueza social producida, tiene una poderosa raíz cultural. Es el reflejo de una concepción del trabajo, el ahorro, la independencia individual y el bienestar, en la que se mezclan circunstancias históricas, ideas religiosas y ciertos rasgos propios de un determinado grupo humano en una situación dada.

Estas características fueron bastante excepcionales en su época. En la mayor parte de Europa, el cambio de la sociedad fue más lento, las estructuras colectivas, las técnicas de producción y la mentalidad de los campesinos habían cambiado poco. Fernand Braudel ha señalado esta permanencia estática de la estructura social en Francia. Pasaban las generaciones y el paisaje humano continuaba casi inalterado. Lo propio de la vida rural era la permanencia y la inalterabilidad. Los campesinos que conoció Voltaire habían cambiado muy poco desde la Edad Media. No se hubiera podido escribir «Pickwick» en Francia y menos aún en España.

En la colonización de los Estados Unidos fue posible el traslado, casi sin alteraciones, del modelo inglés por muchas razones peculiares, entre las cuales hay que destacar la ausencia de una población indígena numerosa y organizada, la marginalización pronta de ésta y la ausencia de cualquier forma de mestizaje, no sólo sanguíneo sino, sobre todo, cultural. El caso de la América española fue exactamente lo contrario y por eso ilustra con tanta validez el problema actual de la imposición de modelos foráneos de sociedad y economía a los pueblos de antitéticas tradiciones y realidades culturales.

Cuando Adam Smith publica en 1776 «La riqueza de las naciones» no concibe una doctrina nueva, no predica una cruzada económica y social, sino que observa y describe los mecanismos reales de la actividad productiva en Inglaterra y los rasgos del funcionamiento del mercado. No proyecta un porvenir sino que describe una realidad existente. Para otros países los conceptos de Adam Smith pudieron convertirse en una doctrina para un futuro mejor, para los ingleses era la descripción de los mecanismos reales de su economía y de la base de su productividad, de su división del trabajo y de la libre concurrencia de vendedores y compradores.

Después de la Segunda Guerra Mundial, con la aparición de numerosos Estados independientes en África y Asia, el problema de la diferencia de desarrollo se convirtió en una de las mayores preocupaciones de la política internacional. La ONU se hizo el foro privilegiado para el debate de esta conflictiva situación. Surgió el concepto de Tercer Mundo, con todas sus implicaciones políticas e ideológicas y se inició, con mucha propaganda y grandes esperanzas la Primera Década para el Desarrollo. Ya vamos por la Tercera y los resultados, hasta ahora, han sido poco satisfactorios. Se adoptó como modelo lo que había ocurrido un siglo antes en los países que llegaron a ser industrializados. Parecía que se trataba simplemente de aumentar la capacidad productiva de aquellas regiones atrasadas, de una actividad económica tradicional de bajo rendimiento tratando de reproducir, artificialmente, por medio de planes oficiales y ayuda internacional, el proceso que había llevado a su crecimiento a los países desarrollados.

Se invirtieron capitales, se movilizó a los mejores técnicos, se elaboraron planes minuciosos, con etapas precisas, se diseñaron estructuras nuevas de crédito y gestión, se intentaron grandes proyectos de reforma agraria para darle tierra al campesino, que no era otra cosa que proponerse alcanzar que el campesino de Bengala, o del Congo, o del altiplano andino, pudiera repetir la hazaña que habían logrado realizar un siglo antes los granjeros ingleses. No resultó así. Hubo máquinas, técnicos, créditos, tierras, pero no hubo las cosechas que se esperaban ni la transformación rápida de las condiciones de vida. Gunnar Myrdal, el economista y sociólogo sueco, en un libro revelador, fruto de una larga experiencia propia, «El drama asiático», ha descrito con patética veracidad este largo proceso de frustraciones y fracasos.

¿Qué es lo que ha fallado? El propio Gunnar Myrdal lo señala de un modo todavía más claro en otra obra más reciente, «El desafío de la pobreza mundial». La causa que señala resultó inesperada y sorprendente. La mayoría de esos planes parecen haber fracasado en sus ambiciosos propósitos porque no se tomó suficientemente en cuenta el aspecto cultural. El campesinado del Tercer Mundo es el heredero de creencias, patrones de vida y actitudes mentales completamente diferentes de aquellos que determinaron el fenómeno colectivo del aumento de la productividad del labriego europeo.

Pertenecen a culturas que no asocian la idea de riqueza con la de trabajo, ni han tenido nunca la noción del ahorro, su concepción de la riqueza es diferente, la miran como un don mágico mucho más que como un instrumento de producción. La conciben con los ojos de «Las mil y una noches» y no con los de Adam Smith. El concepto mismo de individualidad es diferente, inmemoriales tradiciones tribales y religiosas determinan actitudes y reacciones que rechazan la tentativa de aplicar el extraño modelo económico.

Ante esa conflictiva situación pocos se han acordado del más importante y rico de los antecedentes que pueden invocarse, el de la colonización española en América. Los conquistadores se hallaron en medio de colectividades humanas profundamente diferentes de las que habían conocido en el Viejo Mundo. Ni siquiera la experiencia de la antigua lucha contra los infieles, particularmente con los musulmanes, era parecida. Después de todo, musulmanes y cristianos habían tenido contactos desde muchos siglos, tenían en común fundamentos culturales básicos desde el pasado del imperio romano y los restos de la ciencia griega, hasta la herencia religiosa del judaísmo.

Lo que hallaron los españoles en las Indias no tenía antecedente valedero. Era una humanidad totalmente distinta, sin ningún contacto anterior con nada de lo europeo, con lenguas, costumbres, creencias y formas de vida ajenas a las que se habían formado en Europa desde la Antigüedad. Hallaron tribus primitivas de cazadores y recolectores en las Antillas y el Caribe, tropezaron, asombrados, con las grandes civilizaciones de Mayas, Mexicas e Incas, vieron, en ciudades tan grandes como las de Europa, una sociedad no sólo diferente sino antinómica en usos, maneras de ser y hasta en el concepto del hombre y de la vida. El estupor que reflejan los primeros cronistas traduce esa incomparable situación.

Era evidentemente imposible trasladar mecánicamente el modelo de vida española. Lo que se inició, en grado variable, fue un complejo curso de mezcla y acomodo que terminó por producir un hecho cultural nuevo. La primera intención de los conquistadores fue la de someter las nuevas gentes al modelo español y extender sus formas propias de sociedad y economía. La experiencia de los primeros Encomenderos de las Antillas fue trágica. No se podía lograr que el indio viviera como un español y mucho menos que trabajara como «un labriego cristiano de Castilla». No parecían entender nada de lo que era familiar para los recién llegados. Ni la lengua, ni la religión, ni el sistema de vida y trabajo. No conocían el dinero, no comprendían el trabajo, tenían otra noción del tiempo, carecían del concepto de riqueza a la europea y era difícil o imposible someterlos a un horario de labor, a un sistema de producción y ganancia y a una novedad social. Se recurrió a esclavizarlos primero y, luego, a muchas formas de vinculación con la tierra y la producción, sin mejor resultado. Era, brutalmente revelado, el choque de incompatibilidad de dos culturas antitéticas e inasimilables. Se pensó en traer labriegos españoles, pero la tentación de buscar oro y riquezas fáciles los hacía desertar la tarea. Muy al comienzo de la colonización, el cardenal Cisneros envió una comisión de frailes jerónimos para averiguar si los indios tenían «la capacidad para vivir según las costumbres de los españoles y para recibir la fe cristiana».

Fue, seguramente, la primera encuesta social que se haya realizado en el mundo. El grueso expediente que resultó recoge un unánime sentimiento de frustración. A aquellos primeros Encomenderos no les parecía posible lograr que los indios vivieran y trabajaran «como labriegos cristianos de Castilla». La experiencia había sido negativa. Entre sus observaciones aparecen muchas indicaciones de carácter cultural. Señalan que «no muestran codicia ni deseo de riqueza, que son los principales motivos que impulsan a los hombres a trabajar y adquirir bienes». Les choca su diferente concepto de la moral. Más tarde se llegó a debatir si eran racionales o no, o un tipo intermedio entre los hombres y los animales, lo que no refleja otra cosa que el abismo conceptual, moral y humano que separaba irreconciliablemente a los hijos de dos culturas tan disconformes y contrarias en sus formas, motivos y contenidos.

Hoy nos parece monstruoso, pero entonces era explicable, que a un castellano del siglo XVI, llamárase Calixto o Lázaro de Tormes, le resultara difícil concebir que un indio de las Antillas pudiera ser su semejante.

El problema es similar al que se ha presentado con los planes de desarrollo en Asia y África, que han señalado entre otros Gunnar Hyrdal y René Dumont.

Hoy sabemos que hay una estrecha relación entre la cultura, los hábitos sociales y la actividad productiva. Habría que ir más al fondo y tratar de establecer la relación de causa a efecto que hay entre la cultura y la producción, entre la mentalidad y la riqueza. Los repetidos fracasos de los planes de desarrollo revelan la importancia del factor cultural.

Habría que preguntarse, y es una grave pregunta, ¿hasta dónde cierta idea de la riqueza está ligada con un tipo determinado de cultura que se manifestó en algunos países como fenómeno peculiar y que lo que, por

149

comparación, llamamos pobreza es la permanencia, en abierto contraste, de otra forma de vida de relación, de economía y de mentalidad que ha sido la predominante por la mayor parte de la historia de la humanidad? Habría que considerar los sistemas de producción y las estructuras sociales como fenómeno de la cultura, y concluir que toda transformación del sistema económico requiere un cambio cultural que ha de provocar resistencias y grandes dificultades de adaptación. La sociedad industrial presupone un cierto tipo de cultura. Las formas de trabajo y producción se cuentan entre los rasgos más caracterizados de cada cultura.

Hoy tenemos prueba de la inmensa dificultad que presenta ese cambio de mentalidad a contra pelo de la cultura propia, que se propone romper la secular relación entre vida y economía. En nuestros días se ha estudiado, con el nombre de cultura de la pobreza, las formas peculiares de vida y sociabilidad que desarrolla la pobreza en algunas zonas, como lo hizo el sociólogo americano Oscar Lewis en «La familia de Sánchez», pero no se ha ido al fondo en el estudio de la relación de la cultura y de la pobreza. Hay culturas ajenas a la idea de progreso, de crecimiento y de realización individual para el bienestar. Son maneras de ser seculares que impiden que el modelo de desarrollo ajeno pueda operar satisfactoriamente. Levi-Strauss ha afirmado que «el conjunto de esas reglas inconscientes sigue siendo lo más importante y lo más eficaz, porque aún la razón es, como lo habían comprendido Durkheim y Mauss, más un producto que una causa de la evolución cultural».

Mirada en su proyección histórica esa gran transformación social y económica, que llamamos con excesiva simplificación la revolución industrial, aparece como una mutación cultural que ocurrió en cierto momento, por un conjunto de circunstancias locales, en Inglaterra y que logró extenderse a otras regiones que poseían ciertos rasgos colectivos similares. Hubo un momento y un lugar en el que la secular permanencia de las estructuras sociales y de las técnicas de producción experimentaron un cambio radical, en el que la inmutable rutina inveterada que mantenía al campesino europeo atado a la miseria se rompe. Esa «inercia» que ha señalado Braudel, ese lento progreso casi imperceptible que era la condición misma de la existencia de las masas rurales, parece cambiar en una forma desconocida. El trabajo deja de ser sentido como una maldición y se convierte en la vía principal hacia el bienestar y la independencia. Es de ese cambio de actitud, que comienza localizado en un tiempo y en un lugar, de donde arranca la gran transformación que va a cambiar el panorama del mundo.

De allí surge la división del planeta en países desarrollados y atrasados, con todos los eufemismos que se han querido usar para atenuar el hecho, la noción, tan cargada de potencial conflictivo, del Tercer Mundo y el enfrentamiento complejo y emocional del Norte y del Sur.

Los planes de desarrollo nacieron del deseo de alcanzar para todos los pueblos ese mismo tipo de sociedad y de economía que la revolución industrial había formado en una porción de la humanidad.

Hoy nos encontramos enfrentados a la dramática cuestión. Los planes de desarrollo de los últimos treinta años están lejos de haber demostrado su eficacia. Los resultados no han correspondido a las esperanzas. Bajo diferentes regímenes políticos, que van desde las formas extremas del autoritarismo, pasando por los socialismos fantasiosos y los regímenes de partido único, hasta las amenazadas formas de democracia liberal y pluralista, el resultado ha sido generalmente insatisfactorio.

Ha habido ayuda pero no desarrollo.

Lo que está presente en el escaso éxito de los planes de desarrollo es el hecho cierto de la inmensa variedad de las situaciones culturales que la historia ha creado en toda la extensión de la tierra. En estos términos hay que plantear el problema del desarrollo del Tercer Mundo.

Lo que ocurrió fue lo que en términos genéticos hoy se llamaría una «mutación», una alteración del tipo tradicional de las relaciones del hombre con la naturaleza y con la sociedad que se reflejó prontamente en un aumento sin precedentes de la capacidad productiva y del nivel de vida en algunas naciones. Surgió una nueva actitud ante el tiempo, la riqueza y el trabajo.

La sociedad industrial fue un fenómeno cultural, la consecuencia de la evolución de una determinada cultura muy caracterizada en el tiempo y en el espacio.

Los planes de desarrollo y la adopción de modelos que han caracterizado al mundo después de la Segunda Guerra Mundial no han sido otra cosa que la tentativa de reproducir, por medio de decisiones gubernamentales y acciones planificadas en Asia, África y América Latina, lo que ocurrió espontáneamente en la Inglaterra de hace dos siglos.

La tentativa ha tropezado de manera continua y poderosa con la resistencia de las diferencias culturales y ha obtenido resultados que no guardan proporción con el esfuerzo empleado y con las esperanzas concebidas.

Podría reunirse un inagotable expediente muy aleccionador sobre estos fracasos y en él se vería aparecer con elocuente monotonía la resistencia inconsciente y poderosa que ofrece el medio cultural al modelo extraño. Es posible enseñar métodos de trabajo, técnicas de producción, importar máquinas y capitales, lo que no se puede es transformar la mentalidad para que un campesino del altiplano andino, o de la sabana africana o de la selva indochina, actúe como un granjero de la Nueva Inglaterra.

Los que sienten el casi morboso placer de formular estadísticas de terror sobre el futuro de la humanidad no han dejado de señalar plazos ominosos y cortos en los cuales vamos a vernos privados de petróleo, de cobre, de tierra vegetal, de agua y hasta de oxígeno, si el nivel de consumo de los países desarrollados se extiende al mundo entero. O los que señalan cuántos centenares de millones de personas no tendrían cómo alimentarse si se pretendiera extender a toda la población mundial la dieta de granos que hoy consume el norteamericano medio, sin hablar de la leche, la carne y las grasas que no pueden dejar de ser alimentos de minorías.

Es insostenible el contraste entre los numerosos países pobres y atrasados frente al puñado dominante de los países ricos. Guerras, revoluciones, terrorismo, inestabilidad que amenazan la paz mundial provoca este escandaloso contraste. No sería exagerado decir que la suerte misma del género humano depende, en gran parte, de la forma en que se logre solucionar esta confrontación.

Inteligente o torpemente, con prudencia y previsión o con violencia, el mundo actual no puede escapar de encarar resueltamente este conflicto.

En el fondo es el mismo que comenzó hace cinco siglos en el continente americano con la llegada de los españoles. Lo que allí ocurrió, la forma en que evolucionó la incompatibilidad cultural, la creación de una nueva realidad social y mental puede ilustrar el futuro y la naturaleza de ese difícil problema que afecta toda la humanidad.

POLÍTICA Y PENSAMIENTO

En las carabelas de Colón llegaron, con muchas otras cosas, las ideas de Occidente. En las culturas indígenas había teogonías, mitos, leyendas y creencias, pero no había nada que pudiéramos llamar propiamente filosofía y menos aún filosofía política. Más que cultura en libros y sabiduría era cultura incorporada a la vida la que traían los navegantes. Una manera de ser y entender con largas y viejas raíces que venía de la antigüedad greco-latina y hebrea y que reflejaba no solamente el credo y los dogmas del cristianismo peninsular sino los ecos prestigiosos de la escolástica de la Edad Media con sus dos vertientes hostiles, el escotismo y el tomismo.

A nadie se le puede ocurrir, para estudiar la mentalidad predominante en el largo período de la formación del Nuevo Mundo, buscar los textos originales en los que Duns Scotto o Santo Tomás de Aquino expusieron sus sutiles y poderosas concepciones teológicas y filosóficas, sino las pugnas entre los colonizadores, la actitud de los criollos, los procesos de la Inquisición y las muchas formas en que lo que originalmente vino de Europa cambió y adquirió otros rasgos al contacto del nuevo medio humano.

La historia de las ideas y la sucesión de los sistemas filosóficos podría reducirse a un catálogo esquemático y casi abstracto de teorías y concepciones producidas por la larga y contradictoria serie de los grandes filósofos occidentales pero, en cambio, el poderoso y profundo proceso por medio del que esas ideas se incorporaron a la vida social y la influyeron, a veces en grado decisivo, no es otra cosa que la historia misma de Occidente. Esas ideas nunca penetraron en la sociedad y se convirtieron en acción en su forma original, sino que la colectividad las recibió y las hizo suyas en un proceso complejo de asimilación y deformación, en el que lo nuevo se mezclaba con lo que venía del pasado, en el que la mentalidad popular ponía su nota y su carácter y del que finalmente surgía un nuevo tiempo histórico.

¿Qué sabían de Tomás de Aquino o de Duns Scotto, no sólo muchos sacerdotes sino la inmensa masa de creyentes que terminaba en sus acciones y en sus actitudes reflejando una mentalidad racionalista o voluntarista? Poco ganaríamos para conocer el alcance histórico de esos procesos si nos atuviéramos a los textos originales y fundamentales de los grandes teólogos europeos y americanos que defendían las dos concepciones. En cambio lo que llegaba a la sociedad viviente y actuante y que se manifestaba en las palabras y en las actitudes de las distintas clases nos permite reconocer ciertas características de una situación y de una mentalidad específica. Esas ideas especulativas al convertirse en soporte y motivo de conductas y acciones, podían y debían sufrir transformaciones importantes que, a veces, podían llegar casi a desnaturalizarlas, pero que por eso mismo revelaban de un modo muy eficaz las características propias del conglomerado social y su manera de entender y participar en el curso de la historia.

De las carabelas bajaron hombres con ideas que eran un resumen peculiar de sus propias vidas y de la evolución cultural de su pueblo. Muchos de ellos nunca habrían leído y no habrían ido más allá de un sermón dominical o de una penitencia de confesión pero habían realizado la hazaña de vivir con un bagaje hecho de fragmentos o resonancias desiguales de un pensar que venía de las más altas cumbres, sólo que, a veces, resultaba casi irreconocible en las deformaciones y mermas que le había infligido la vividura personal y colectiva. Terminaba por realizarse una identificación entre ellos y aquellos vagos y heterogéneos trasuntos de sistemas de ideas. ¿Quién había escogido a quién y por cuáles motivos? No podríamos responder pero constituye una cuestión fundamental que debería formar parte esencial de una investigación de este tipo.

Las ideas occidentales llegaron a América a correr un nuevo destino. A sufrir modificaciones y a recibir mezclas, a adquirir nuevas significaciones, a dar distintos sentidos en la lenta y contrastada hechura de los pueblos americanos.

El maestro de filósofos Juan David García Bacca apunta, al hablar de la influencia del escotismo en la formación de Venezuela, estas palabras que abren anchas perspectivas de interpretación: «Si no presidirá nuestros destinos una especie de separación entre el hombre de razón y el hombre de palabra, entre el hombre dedicado a una especie de esquema científico de cualquier orden y el hombre que hace valer su palabra, su voluntad, su gana, su poder sobre todas las demás cosas. Frente a un Dios impersonal un Dios personal. Esa constelación franciscana que se levanta en diversas partes de esta nación, ¿no tendrá detrás un sistema ideológico, casi no lo llamaré ideológico, una perspectiva personal, un aprecio por la persona y por el poder, por la palabra, por la gana inclusive, en términos de degeneración, por la voluntariedad, por la arbitrariedad, que no estaría tal vez presente, no hubiera cuajado, si hubiese esta nación nacido bajo la constelación, y hablo en lenguaje un poquito de astrología vieja, de un sistema tomista perfectamente racional, de un Dios de razón?»

El mero hecho del Descubrimiento provoca un cambio profundo de la perspectiva moral y antropológica de los europeos. Colón se lleva una visión falsificada del indígena americano que vierte en su carta a los Reyes Católicos de 1493. De esa carta y de otras descripciones paradisíacas de los indígenas de las Antillas surge incontenible y sin fronteras el poderoso mito del Buen Salvaje. Ese mito, que recogen los humanistas, va a nutrir el pensamiento reformista, crítico y revolucionario de Occidente hasta formar las tesis fundamentales del proyecto de la revolución. La expresión más cabal de ese asombro ingenuo la da desde la cumbre de su prestigio, Montaigne, cuando clama para los europeos fascinados y confusos: «Lamento que Licurgo y Platón no lo hayan tenido (este conocimiento) porque me parece que lo que nosotros hemos visto por experiencia en estas naciones sobrepasa no solamente todas las descripciones con que la poesía ha embellecido la Edad de Oro y todas las invenciones para imaginar una situación de felicidad para los hombres sino aún más la concepción y la aspiración misma de los filósofos.»

El Descubrimiento se transformó para Europa en el descubrimiento de la Utopía. El eco de Colón está en Tomás Moro y sus seguidores. Toda una nueva visión del hombre y su destino, que ponía en tela de juicio la sociedad occidental coetánea, fue el inesperado y riesgoso don de la primera imagen del Nuevo Mundo. Una imagen imprevista que iba a transformar la historia de la humanidad y a revolucionar, en el más literal sentido, las ideologías.

Semejante idea no llegó a brotar nunca de los colonizadores de América, que permanecieron sin concebirla hasta que de Europa les llegó en las obras de los utopistas y los racionalistas, como novedad filosófica y científica, para invitarlos a formar parte de la futura revolución que reconocería por primera vez el derecho de todos los hombres a vivir como nunca vivieron los indios americanos, en el goce pleno de la libertad, de la igualdad y de la felicidad. No hay en la historia de las ideas hecho más fascinante que este de la transformación de una imagen deformada en tesis filosófica incontrastable. Los hombres que a partir de 1810 proclamaron las nuevas instituciones en el Nuevo Mundo no eran meramente los seguidores de una filosofía política sino los patéticos actores de un inmenso drama cultural dentro del que se inscribe la futura historia independiente de la América Latina hasta nuestros días. Es por la vía que abren estos hechos y no por la de la crónica de los acontecimientos o de la sucesión de las ideas que podemos llegar a acercarnos a la comprensión de esa condición peculiar dentro del ámbito de la cultura occidental.

Una historia de las ideas filosóficas o políticas tendría muy poco de americana. Desde los teólogos de la Edad Media hasta Marx las grandes concepciones ideológicas se produjeron en Occidente. Los hombres de pensamiento del mundo americano, en su mayoría más significativa, adoptaron esas ideas y las hicieron suyas, desde el escotismo de los teólogos hasta el positivismo de Comte, desde las concepciones de Rousseau hasta el estructuralismo. En la historia pura de las ideas es poco el aporte del mundo americano y no podría ser de otra manera por muchas y poderosas razones. Las grandes innovaciones ideológicas, la de Descartes, la de Kant, la de Hegel, la de Comte, la de Marx, la de Husserl y sus descendientes, han surgido en las cúspides de saturación y de búsqueda de los centros del pensar, cuando se ha planteado el agotamiento de las explicaciones aceptadas. No ha sido el caso nuestro.

Pero tampoco, aunque a veces no han faltado quienes lo hayan deseado, ha sido nuestra función de pensamiento una mera repetición de los grandes maestros europeos, una glosa infecunda de los textos centrales del pensamiento creador, queriéndolo o no, por la imposición misma del escenario geográfico y humano y por la gravitación de la historia, el pensamiento de la América Latina no ha podido mantener una fidelidad completa a sus patrones europeos. Muchas veces se ha apartado de ellos, ha incurrido en inconsecuencias y alteraciones impuestas por las circunstancias que han terminado por dar un sentido local y creador a lo que de otro modo no hubiera pasado de ser una vana glosa. Podríamos hablar con más propiedad de una historia de las ideas en América, de la suerte y transformaciones que las ideas filosóficas han recibido en el ámbito americano, del proceso creador del mestizaje y adaptación del que han brotado las ideas y las acciones creadoras en nuestro continente.

Podríamos, y lo han hecho con útil dedicación muchos eruditos, seguir la pista de las ideas de la Ilustración en un hombre como Bolívar.

Fue un buen lector de Montesquieu y lo cita con frecuencia en sus documentos públicos y en sus cartas. Gustaba de Voltaire y lo leía con placer, había conocido, sobre todo en su época de residencia en París junto a Simón Rodríguez, a los principales pensadores precursores de la Gran Revolución, sin que faltara el inevitable Raynal, y hasta el majadero de Pauw. Pero sería absurdo buscar en el Libertador un seguidor fiel de esas ideas. Desde muy temprano se percata de que la realidad social y cultural de la América española exige mucho más que una simple imitación y adaptación. «O inventamos, o erramos», dijo su maestro Rodríguez y él señaló en el gran planteamiento político e histórico del Mensaje de Angostura la peculiaridad de la situación histórica y humana de la América hispana. No éramos

161

Francia ni los Estados Unidos, sino que, como él mismo lo expresó, constituíamos «una especie de pequeño género humano». Es lo que él llama «la base de la República de Venezuela». Invoca a Montesquieu precisamente para pedir que se tenga en cuenta lo peculiar y propio del país a la hora de formular sus nuevas instituciones: «que las leyes deben ser relativas a lo físico del país, al clima, a la calidad del terreno, a su situación, a su extensión, al género de vida de los pueblos, referirse al grado de libertad que la Constitución puede sufrir, a la religión de los habitantes, a sus inclinaciones, a sus riquezas, a su número, a su comercio, a sus costumbres, a sus modales. ¡He aquí el código que debíamos consultar y no el de Washington!»

Hay una creación intelectual bolivariana y es precisamente todo aquello que intuyó y expresó sobre la situación peculiar y la identidad de la América Latina, lo que nunca estuvo ni podía estar en los libros europeos, ni siquiera en aquellos que trataban de hablar de la América criolla y explicarla. Lo que pasó en Angostura del Orinoco en 1819 es un puro acto de creación intelectual americana. Hay un Congreso nacional que sólo en lo más formal y externo se parece a los congresos de los tratadistas franceses, hay unos diputados cuyas actas de elección no provienen de ningún cuerpo electoral ordinario sino de otra representación y otra legitimidad en la que se combinaban los más auténticos títulos de representación imaginables: el origen secular, la escogencia voluntaria de un destino de lucha, las herencias culturales más arraigadas y auténticas, la de los comuneros y procuradores de vecinos querellados, la vinculación raigal con la tierra, credenciales del fusil, la lanza y la carga de caballería, la voluntad fundadora, igualitaria y afirmativa de los derechos fundamentales. Ante ellos viene Bolívar a darles cuenta del llamado del destino. ¿Porque son quienes son, qué mandatos les vienen de la tierra y de los muertos, en qué lugar del mundo están y para qué? Les ratifica y revela que el contenido y la meta de aquella empresa viene del más antiguo pasado y responde a las mayores urgencias del presente. Se dirige a una congregación visible pero también a otra invisible. No son ciertamente historiadores de las ideas los que se necesitan para comprender y escudriñar la significación y el contenido de aquel colectivo examen de conciencia.

A nadie se le ocurriría clasificar a Bolívar como un ideólogo. Lo más importante en él no es lo que pudo recibir de sus lecturas de los autores de la Ilustración, sino su capacidad de comprender la peculiaridad de su mundo. Eran las suyas una ideología y una historia vivientes y su pensamiento formaba parte de un inmenso proyecto de acción.

Ésta es una característica que no es sólo de Bolívar sino de todos los grandes hombres de pensamiento de la América Latina. No se movían en el mundo de las ideas sino en el de las circunstancias. A nadie ha escapado este rasgo de los pensadores latinoamericanos. Su pensamiento estuvo siempre dirigido a alguna forma de acción, tenía como objeto la sociedad y nunca dejó de tomar en cuenta la política. Ha sido un pensamiento de guías y educadores de sus pueblos, de periodistas y combatientes, de reformistas y rebeldes. Nunca se les ha llamado filósofos y en verdad no lo eran sino que correspondían a otros nombres que el instinto colectivo supo hallar con tino: maestros, libertadores, apóstoles, luchadores, apelaciones todas de un pensamiento volcado hacia la acción.

No podemos conformarnos hoy y mucho menos en el espacio cultural de la América Latina con una historia de las ideas confinada a las obras de los pensadores y a la genealogía de sus orígenes europeos, que no pasa del análisis de los textos, sin dar un paso más allá hacia la apreciación del cuadro social contemporáneo de aquellas ideas, de las reacciones que provocaron y de las deformaciones que sufrieron y lo que quedó de ellas cuando se transformaron finalmente en acción y en mito popular. Lo que se necesitaría no es una historia literaria o ideológica, dedicada al estudio de los textos, sino el cuadro viviente de cómo en ciertas horas ciertas ideas se convierten en formas de conciencia colectiva y dan, genuina o falsamente, alguna forma de sentido a los aconteceres históricos.

La historia de las ideas políticas en la América Latina no puede limitarse a un análisis esquemático y textual de lo que han escrito nuestros pensadores del pasado, ni a una biografía de ellos, aun cuando muchas de esas biografías son muy reveladoras del tipo de proceso de mestizaje entre la idea y el sentimiento, entre el proclamar y el hacer, entre los pareceres y las acciones. Tiene que ser una historia de cómo se han incorporado a la vida y al destino colectivo ciertas ideas en ciertos momentos, sin tomar en cuenta la fidelidad mayor o menor a sus patrones europeos, que han sido parte determinante de transformaciones, guerras y grandes crisis en el mundo latinoamericano.

Afortunadamente, hoy la historiografía tiende a buscar por nuevos caminos la realidad compleja de estos procesos de conciencia y de acción. Ya no se piensa en una historia de las ideas fuera de la vida colectiva, sino que se busca conocer en las distintas épocas lo que ha determinado el movimiento de las opiniones, los criterios generalizados, los climas de opinión, los temas aparentes, las concepciones y los prejuicios compartidos, lo que terminaría siendo una verdadera historia cultural, en el sentido antropológico, incluyendo no sólo el enunciado de las ideas en los pensadores sino la reacción ante ellas de la masa y los cambios de lo que se ha llamado la mentalidad colectiva. Son ellas las que hacen la historia finalmente y no las meras ideas que en algún momento haya podido lanzar un pensador, sin que por ello vayamos a discutirle o reducir la importancia que éstos han tenido y tienen en la formación de la conciencia colectiva y en las consecuencias que llegan a tener en el quehacer popular.

Gracias a la labor iluminada de los historiadores nuevos que se han agrupado principalmente en el grupo llamado en Francia de «Los Anales», desde comienzos de este siglo, se ha comenzado a escribir historia con otros criterios distintos a los que habían venido predominando. No se resignan a esa historia «evenementiel», de la sucesión de los acontecimientos, sino que se quiere penetrar en otros aspectos que permitan abarcar y comprender la complejidad de los procesos sociales que acompañan y explican los grandes sucesos históricos. En esa labor, que ha producido algunas de las obras más fascinantes y ricas de la historiografía contemporánea hay que citar por lo menos los nombres de Lucien Febvre, Marc Bloch, Fernand Braudel, Georges Duby, Jacques Le Goff, Roger Chartier y Erwin Panofski. La visión que hoy logramos alcanzar del mundo del Mediterráneo en la época de Felipe II, de la evolución de la increencia religiosa en el siglo XVI, de la realidad de las comunidades campesinas en el final de la Edad Media o los orígenes intelectuales de la Revolución Francesa, se le debe en gran parte a ellos.

Ya no podemos hablar solamente de una historia de las ideas y ni siquiera de una historia intelectual, el panorama se ha ampliado y hoy se definen temas más completos y complejos que es lo que se llama la historia sociocultural, la psicología histórica y, por último, la historia de las mentalidades. Esa «*histoire des mentalités*» que según sus cultivadores es lo que cada quien «aun cuando se trate de un grande hombre, tiene en común con los hombres de su tiempo», que es también «el contenido impersonal de los pensamientos» donde entra igualmente «lo que no se concibe y se siente», el difícil campo de la inteligencia y de la afectividad. Como lo ha dicho un moderno historiador de los Estados Unidos: «Toda acción implica un significado, el significado implica intersubjetividad cultural e intersubjetividad implica sociedad. Toda actividad social tiene una dimensión intelectual que le da significación, así como toda actividad intelectual tiene una dimensión social que le da validez».

La historia de las ideas políticas en la América Latina, desde esta perspectiva, ofrece posibilidades inagotables. Pienso, por ejemplo, en lo que podría ser una historia del pensamiento positivista en la América Latina, que no sólo abarcara a los pensadores que originalmente lo divulgaron a su manera, a los enardecidos discípulos de Comte que vinieron a diseminar la buena nueva en tierras americanas, sino también la correspondencia de estas ideas con las situaciones sociales, cómo las unas influyeron a las otras y terminaron por mezclarse, qué parte de ello y bajo cuáles formas terminó por transformarse en mentalidad colectiva y en acción histórica.

Habría que estudiar la obra de un precursor tan

egregio como Simón Rodríguez. Regresado a América de una larga permanencia en Europa, cuatro años después de la batalla de Ayacucho publica en Arequipa uno de los libros más deslumbrantemente originales sobre la situación y las perspectivas futuras de aquella América enguerrillada y contradictoria que buscaba torpemente su camino. En el magro puñado de hojas se expresa una visión de la realidad y de las posibilidades que deja muy atrás lo que se pensaba en su tiempo. Había estado con los grupos saint-simonianos en París y venía a incorporarse a la inmensa obra de su amigo Bolívar porque la Independencia estaba establecida pero no fundada. Piensa que para tener repúblicas hay que comenzar por hacer los republicanos en la escuela. Propone una educación para la vida, para el trabajo y para la democracia. No imitar ni copiar lo de Europa o los Estados Unidos sino crear las formas de acción transformadora que nuestra realidad exige. Ver la democracia no como un mito sino como un camino. Su propósito se dirige a «declarar la nación en noviciado» para luego, por medio de una educación nueva: «colonizar el país con sus propios habitantes». Nadie ha dicho de manera más conmovedora y reiterada el mensaje que todavía no hemos sabido oír: «La América española es original, originales han de ser sus instituciones y su Gobierno y originales los medios de fundar uno y otros».

No hay investigación más reveladora de la América Latina que la larga y variada historia del positivismo asimilado y deformado por ella. Fue largo y variado su predominio desde la mitad del siglo XIX hasta la Primera Guerra Mundial. Pero no es una historia uniforme ni en todos los países revistió el mismo aspecto y carácter. Hay un positivismo brasilero que nos enseña más sobre el Brasil que sobre el positivismo, que es diferente al que se desarrolla en los países del Río de la Plata. Muchas veces más que un texto es un pretexto y más que una ideología formal es un mito, un mito que se incorpora al clima cultural propio y termina por formar un complejo peculiar de ideas, sentimientos y pasiones.

El positivismo que comienza en México por ser liberal y que en el Brasil había sido antimonárquico, termina en el propio México y en Venezuela por ser la ideología de la dictadura. Hay un positivismo optimista y otro pesimista, el que sueña en los grandes progresos que va a traer la ciencia y la religión de la humanidad, y el que encuentra limitaciones infranqueables en el clima, la raza y la geografía. Lo de positivista que hay en Sarmiento no es semejante a lo que hay en Bilbao, ni el de Justo Sierra corresponde al de Varona. Lo más importante no es lo que de positivismo comtiano o spenceriano pueda aislarse en la obra de un pensador latinoamericano, sino lo que de local, tradicional y propio hay en la manera como cada uno de estos hombres asimiló o entendió aquel sistema filosófico.

El gran proceso de mestizaje cultural abierto en América Latina desde el día del Descubrimiento tiene una de sus manifestaciones más señaladas y ricas en la forma en que las ideas venidas de Europa han sido entendidas e incorporadas. Sobre fondos locales y tradicionales de sociedad y de cultura se han incorporado las ideas para injertarse y combinarse en mezclas a veces irreconocibles, que valen ciertamente como signo y muestra de lo americano más que como manifestación de un cuerpo de doctrina puro.

Hay una peculiaridad latinoamericana que tiñe y modifica las ideas recibidas y que se ha manifestado y manifiesta desde nuestros orígenes. Así como se desarrolló, en el rico proceso de mestizaje cultural, un cristianismo latinoamericano también se formó, por segmentaciones y accesiones, un liberalismo, un positivismo y un marxismo latinoamericanos. Son esos fenómenos, como hechos socioculturales, los que pueden revelarnos mucho sobre nuestra condición y nuestro destino.

La historia de las ideas políticas en nuestra América no es otra cosa ni puede ser otra que la larga y a veces heroica historia de la búsqueda de nuestra identidad y de nuestra originalidad.

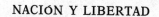

NACIÓN Y LIBERTAD

Los españoles se encontraron inesperadamente con un nuevo continente. Éste es el hecho fundamental. No hubo preliminares, conocimiento alguno previo, sino un brusco e inesperado encuentro entre un puñado de hombres que representaban la mentalidad de la España de fines del siglo xv, y un inmenso escenario geográfico que se fue desplegando lenta y continuamente, poblado por unos seres para los cuales ni siquiera tenían nombre y que representaban, en distintos grados de desarrollo, culturas extrañas, sin ningún contacto anterior con los europeos, y casi diametralmente opuestas en valores, conceptos y mentalidad a la que representaban y traían los navegantes transatlánticos.

Fue un encuentro complejo y total. Todo era diferente, no tenían lengua en que comunicarse, no tenían nombres para la multitud de plantas, animales y fenómenos desconocidos que hallaron y les ofrecía dudas el hecho mismo de admitir que aquellos seres fueran hombres en el mismo sentido que la palabra tenía para un español de la época de los Reyes Católicos.

Fue un encuentro difícil, confuso y lleno de equívocos. Los españoles creían haber llegado a las Indias legendarias del Preste Juan o a la tierra del Gran Khan de Catay y estaban en un continente desconocido que más tarde se llamó América.

El encuentro planteó malentendidos y conflictos de todo género. Se estaba frente a una realidad geográfica desmesurada en términos europeos y a unos seres que muy poco se parecían en hábitos, creencias y estilo de vida a los infieles con que los españoles habían lidiado durante largos siglos.

Muy pronto y precisamente por la imposibilidad de lograr que el indio antillano se adaptara a una disciplina de trabajo y a un orden municipal a la europea, aparecieron los africanos. Portadores de otras lenguas,

otras culturas y otra actitud vital. Vinieron como esclavos a realizar el trabajo que el español no quería hacer y que el indígena no sabía hacer. Un poderoso y vasto proceso de adaptación mutua y mezcla se inició desde aquel primer momento. Ya el español no pudo seguir siendo el mismo que había sido en España. La ha-
bitación, la ciudad, las relaciones de trabajo, los alimentos, el vestido, las estaciones, la naturaleza eran
distintos. Tampoco el indígena pudo seguir siendo igual
a como era antes de la llegada de los conquistadores.
Sus hábitos de vida, sus creencias, su situación social,
todo comenzó a cambiar para él. Así como tuvo que
adaptar sus viejas divinidades a la nueva religión que
le traían los cristianos de Castilla, con su complicada
Trinidad, sus innumerables santos, su aparatoso ritual
y su difícil teología, tuvo también que someterse a un
nuevo orden de la ciudad, de la ley y del trabajo. No
lo hizo pasivamente sino aportando sus peculiaridades
y sus tradiciones. Levantaba una iglesia bajo la dirección del alarife español, pero nunca resultaba una iglesia española, en el decorado, en las formas, en el colo-
rido quedaba la presencia visible de la otra cultura.
Igual mezcla se produjo en el culto. No es único el caso
de la Virgen de la Guadalupe en México y su complicada
genealogía en la que se mezclan creencias aztecas y mitos americanos con formas tradicionales del catolicismo español.

Junto a la enseñanza que en hogares y escuelas se
hacía de la cultura española en lengua, instituciones e
historia, estuvo presente una pedagogía negra, personi-
ficada por las ayas esclavas que en gran parte del imperio español tuvieron por tres siglos la muy influyente
y decisiva tarea de cuidar de los niños desde su nacimiento hasta que comenzaba la educación formal. En
esa oculta escuela del aya africana analfabeta, pero rica
en cultura tradicional negra, se formaron innumerables
generaciones de los hispanoamericanos más distinguidos e influyentes y recibieron de ella un aporte que no
es menos importante que el que se les podía dar por
sus padres y preceptores. Simón Bolívar, el Libertador,
tuvo su aya negra y la quiso y respetó como una madre.
La llamaba «mi madre Hipólita» y ella, en el esplendor

de su poder y de su gloria americana lo llamaba «mi niño Simón».

Este encuentro de tres culturas, en un escenario geográfico de extraordinario poder sobre el hombre, es el hecho fundamental que caracteriza el nacimiento del mundo hispanoamericano. Esto determinó desde el primer momento un sentimiento de peculiaridad y diferencia. El español mismo que vino a América y permaneció en ella por algunos años sufrió cambios visibles, que lo distinguían de sus compatriotas que habían permanecido en el viejo país. En la literatura española de la época abundan las referencias satíricas al «indiano», aquel personaje a quien la permanencia en las Indias había cambiado hasta el punto de hacerlo motivo de burla y curiosidad para los peninsulares. Se creó una manera americana. Si el emigrado español cambió, mucho más lo hizo su hijo nacido en el nuevo continente. Desde el primer momento el «criollo» tuvo una personalidad y un carácter que lo diferenciaban. Hubo muchos casos de mezcla de sangres en las que en innumerables formas se combinaron la herencia biológica de españoles, indios y negros pero sobre todo hubo un continuo y múltiple proceso de mestizaje cultural. El contacto de las tres culturas fundamentales en el nuevo escenario físico afectó profundamente a los tres grandes actores de la creación del nuevo mundo.

No constituyeron una sociedad homogénea. Hubo profundas divisiones que perduraron en grado variable durante los tres siglos que duró el imperio español. Hubo una división determinada por los distintos orígenes culturales. Predominaba lo español en lengua, religión, instituciones jurídicas y sociales e ideales de vida que penetraba en grado variable en los herederos directos de las culturas indígenas y africanas. Hubo un cambio apreciable en el estilo de vida, en el lenguaje, en la noción del tiempo, en la actitud ante la vida. El criollo, hijo de españoles, y el peninsular comenzaron no sólo a ser distintos en muchas cosas sino a sentirse distintos y a veces contrarios. Los valores, las instituciones, la religión misma sufrieron modificaciones. Se podría hablar de un catolicismo de Indias que en sus ritos, formas de culto, sentido del milagro y concepción

173

de la divinidad difería del catolicismo de España. Sin llegar a las formas extremas que pudo alcanzar en las Misiones de los jesuitas en el Paraguay o a las tentativas de Vasco de Quiroga en Michoacán, el cristianismo de los indios, los negros y los mestizos de América revistió características peculiares y originales.

Hubo además la dura división horizontal en castas. Una sociedad piramidal, con muy poca movilidad, que convivía y se mezclaba en muchas formas pero sin abandonar sus estamentos jerárquicos. Los peninsulares, que detentaban los altos poderes de la iglesia y la corona, los criollos blancos, descendientes de los conquistadores, que eran los dueños de la riqueza de la tierra y que dominaban la única institución política abierta a ellos, los Cabildos, y luego todos los innumerables matices de los llamados pardos, brotados de todas las mezclas posibles de las tres razas fundadoras y que en los países del Caribe y el Atlántico llegaron muy pronto a constituir lo más numeroso de la población, y al final de la escala estaban los esclavos africanos, fuerza de trabajo y base de la producción. En una situación distinta quedaron las colonizaciones que tuvieron por base las grandes y populosas civilizaciones indígenas de aztecas, mayas, chibchas e incas, a lo largo del espinazo de las cordilleras que paralela a la costa del Pacífico corre desde México hasta Chile. En ellas el indio pudo mantener su poderosa presencia difícilmente asimilable en el nuevo proceso de mestizaje cultural.

Esa sociedad distinta de la española y también de las indígenas precolombinas, va a sentir muy pronto su diferencia de una manera activa y abierta. La relación con la metrópoli va a ser continuamente conflictiva. El primer conflicto ocurre muy al comienzo y es el de los conquistadores con la Corona. Los hombres que habían ganado las nuevas tierras no se sometían fácilmente al poder de las leyes y de los representantes de los lejanos reyes. Toda una serie de rebeliones, como las de Martín Cortés, Gonzalo Pizarro o Lope de Aguirre, ensangrientan y amenazan la unidad desde el comienzo del orden colonial. Tampoco faltaron las rebeliones indígenas que alcanzaron su mayor forma en la de Túpac Amaru.

Y fueron continuos los alzamientos de los negros en las plantaciones hasta formar comunidades numerosas de «cimarrones» que amenazaron seriamente el orden de las nuevas provincias.

Todos estos hechos eran formas de particularismo y conflicto con el orden que pretendía imponer España. Las más de las veces los criollos combatieron contra los esclavos alzados y los indígenas, pero sin que desaparecieran sus resentimientos hacia los peninsulares. A veces coincidían las actitudes de unos y otros, como en los casos de los movimientos de los comuneros, de tan reveladoras características, o en los movimientos, aparentemente parciales, contra determinadas instituciones o contra el predominio de los naturales de determinadas provincias, como en los casos de las luchas de bandos en el Potosí o en el curioso movimiento de rebelión contra la Compañía Guipuzcoana de Caracas que ocurrió a mitad del siglo XVIII. Si se mira con objetividad en la naturaleza de estos movimientos se advierte de inmediato, por encima de los pretextos alegados, la presencia de un sentimiento de particularismo. Hay expresiones en los documentos que dejaron que permitirían pensar que ya tenían una noción de propia identidad de nación y de vaga o instintiva voluntad de independencia.

Habría que rastrear en la formación de la conciencia americana la influencia de ciertos mitos y motivaciones colectivas. La secular búsqueda de El Dorado es uno de ellos. No se trataba solamente de hallar otro tesoro de Moctezuma o Atahualpa u otro cerro del Potosí sino, sobre todo, la poderosa creencia de que en América podía encontrarse una concentración de riqueza de tal magnitud y abundancia que pudiera dar la felicidad a todos los hombres.

El otro podría ser la realización de la Utopía. No es una mera casualidad que Tomás Moro situara su isla de la felicidad y la justicia en algún lugar de América. La noción del Nuevo Mundo para los europeos del siglo XVI coincidía con esa esperanza. Pero el aspecto digno de señalarse fue la tenacidad con la que durante siglos y en diversos puntos del continente se intentó realizar en el hecho la visión de Tomás Moro. No es sólo

Vasco de Quiroga que piensa que el Nuevo Mundo debe ser la ocasión de realizar una nueva época del hombre, de justicia, de bien y de paz, sino también la muy larga experiencia de los jesuitas en el Paraguay, que es acaso el más extraordinario ensayo de formar un hombre nuevo en una sociedad nueva hasta los programas de las modernas revoluciones, sin olvidar las tentativas de Bartolomé de Las Casas y las concepciones y proyectos que en muchas ocasiones revistió el milenarismo en América y que tuvo que perseguir la Inquisición.

No se sentían exactamente españoles aquellos criollos que comenzaron a asomarse al mundo y a tomar conciencia de su propia situación y sobre todo desde que se inicia con el siglo XVIII la nueva dinastía de los Borbones. Desde los alzamientos de los conquistadores se oyó hablar de libertad. La invocan Gonzalo Pizarro y Lope de Aguirre. Habría que preguntarse ¿qué clase de libertad? ¿Cómo y para quiénes? Para ellos libertad significaba básicamente no depender más de la corona española, sus gobernadores, sus bachilleres y sus leyes inaplicables. Pero esa libertad no iba a alterar ni a modificar siquiera el orden de gobierno y de estructura social. No era libertad para los esclavos, ni para los indios, ni tampoco para los mestizos despreciados.

Cuando ya en la segunda mitad del siglo XVIII se comienza a considerar en distintas formas la posibilidad de alguna autonomía, bien sea desde la corona, como en el caso de Aranda o de Godoy, o bien sea como en los tempranos planes de Miranda, bajo la influencia de las ideas del racionalismo europeo, la vieja realidad de una sociedad distinta comienza a revestir las formas de un concepto de nación. Y la idea de libertad desciende de su restringida concepción de ruptura con la autoridad española a significar libertades civiles y políticas para todos los habitantes.

Cuando los precursores de la Independencia comienzan a hablar de nación y libertad, junto y aun por sobre los viejos motivos de la querella con la corona y de los resentimientos del criollo contra el peninsular, aparece el trasunto de la ideología que los racionalistas franceses e ingleses formularon en torno a esos conceptos y el reflejo de dos grandes sucesos que tuvieron particular repercusión en la América española: la independencia de las 13 colonias inglesas de la América del Norte que constituyeron una República Federal y, desde luego, la Revolución Francesa. Posesiones europeas en tierra americana se habían insurreccionado contra su metrópoli y habían logrado instaurar un régimen republicano de gobierno representativo y libertades civiles, y en Francia se había desatado la revolución democrática y un rey de la rama francesa de los Borbones había sido depuesto y decapitado.

¿Habría que preguntarnos qué entendían bajo el concepto de nación los iniciadores de la independencia de la América Latina? A través de sus palabras y de sus proyectos no sólo se refieren a la propia provincia nativa, sino que más frecuentemente hablan de toda la América hispana y piensan de su porvenir como una unidad. Miranda concibe un Estado tan grande como el continente, con un gobierno propio común y con una constitución calcada sobre la inglesa. Esa visión de unidad, que implica una concepción de toda la América Latina como una sola nación, persiste en todos los documentos de la época y es la que se esfuerza en realizar contra todos los obstáculos Simón Bolívar, el Libertador. Desde el comienzo de su incomparable acción Bolívar expresó de un modo claro e inolvidable esa condición: «Nosotros somos un pequeño género humano: poseemos un mundo aparte; cercado por dilatados mares, nuevo en casi todas las artes y ciencias aunque en cierto modo viejo en los usos de la sociedad civil».

Las dificultades prácticas que presentaba un proyecto de semejante magnitud, en aquella época, eran insuperables. Las distancias, la incomunicación, el desconocimiento mutuo, la falta de toda experiencia de gobierno propio y la ausencia de homogeneidad social derivada del régimen de castas y de la falta de instituciones representativas en el imperio español, hicieron fracasar el empeño de Bolívar. Sin embargo, nunca se ha abandonado esa esperanza de unidad. En muchas formas ha renacido y renace a través de los tiempos y en el fondo de la conciencia de los latinoamericanos está la convicción o el sentimiento de que están llamados por el pasado y por las exigencias del presente a integrarse y cooperar en alguna forma de organización unitaria.

La larga guerra de la Independencia sirvió para definir y afirmar el sentimiento nacional. No fue fácil. Durante todo su largo y cambiante proceso esa lucha tuvo más un carácter de guerra civil que de conflicto internacional. Surge a raíz de la ruptura brusca de la legitimidad monárquica de España con la invasión de Napoleón y la usurpación de José Bonaparte. Luego aparece un proceso en el que las viejas divisiones sociales se convierten en frentes de lucha. No pocas veces la masa popular estuvo con las autoridades españolas contra la insurgencia de los criollos blancos. Tanto como en España misma en la América, con las diferencias naturales, se refleja el duro afrontamiento entre liberales y tradicionalistas. En muchos sentidos la guerra de Independencia de la América española es un capítulo importante de la vieja pugna entre las dos Españas. Fue un antecedente del conflicto que más tarde se iba a revelar en las guerras carlistas. Muchos de los jefes militares del liberalismo español habían pasado por la experiencia americana.

La hora y la forma en que se produce históricamente la Independencia de la América española la ligan estrechamente con la forma republicana y liberal. El caso del Brasil se explica por otras razones. Con la excepción de los trágicos ensayos fallidos que se intentaron en México, independencia y república han sido sinónimos. Los nuevos Estados se constituyeron como Repúblicas, con celosa proclamación de los derechos del hombre y bajo los principios más liberales. Es importante señalar esta estrecha vinculación entre la idea de independencia y la de libertad. Las constituciones proclamaban los dogmas liberales más absolutos, la igualdad y los derechos civiles. En el hecho surgió el fenómeno del caudillismo y los gobiernos de fuerza, pero nunca se convirtieron en institución política establecida. En el texto las constituciones siguieron siendo invariablemente liberales aunque en el hecho raramente se cumplieran: la ley no llegaba a ser una norma rígida de conducta pública sino una proclamación moral y un tributo casi religioso a lo que debía ser y no era. Por lo demás no era nueva esta actitud ante la ley. Durante el régimen colonial las leyes de Indias nunca se aplicaron estricta y efectivamente. Se las miraba más como ideales y preceptos morales que como disposiciones coercitivas.

Esta fidelidad formal pero nunca negada a los principios republicanos y liberales se mantiene a todo lo largo de la historia latinoamericana. Las proclamas de los alzamientos y los programas de los caudillos invocan los grandes principios del liberalismo y la voluntad de restaurarlos y hacerlos efectivos.

El concepto de independencia y el de república tienden a confundirse y a hacerse complementarios. Ninguna de las largas dictaduras de caudillos que ocurrieron en el siglo XIX osó nunca institucionalizar su forma de gobierno y eliminar del santuario de la Constitución los principios republicanos y democráticos. No pocas veces mientras más injusto y arbitrario era el gobierno, más liberal e idealista era la constitución que tendía a convertirse así en una mera reliquia de esperanzas casi inalcanzables a las que no se podía renunciar formalmente.

Cuando el sentimiento de lo nacional como idea política cobra fuerza y se extiende a partir de la Revolución Francesa y de la literatura de los románticos, encuentra fácil eco en la América Latina. El viejo sentimiento particularista que se había formado bajo el régimen colonial halla un poderoso estímulo en el nuevo concepto. Pero así como la idea de independencia nace ligada estrechamente a la República democrática, también el sentimiento nacional no se aparta nunca completamente de la concepción subyacente de la comunidad de cultura, historia y destino del conjunto de las antiguas provincias españolas.

Los planes y los fines políticos de los fundadores de la Independencia fueron generalmente continentales. Hablaron siempre de la posibilidad de una América integrada en una organización política poderosa. La unión de las antiguas colonias inglesas del norte les servía de ejemplo y acicate. Las vicisitudes de la historia y las ambiciones de los jefes locales hicieron imposible la realización de ese magno propósito, pero nunca tampoco se renunció a él. Los nuevos Estados terminaron por

conformarse dentro de los límites de las antiguas jurisdicciones políticas del Imperio español, pero sin renunciar abiertamente a la posibilidad y el sueño de la integración. Esta ambigüedad persistente está en el fondo
y caracteriza el sentimiento nacional de los hijos de la
América hispana. No se da el caso en ninguno otro conjunto continental y constituye por lo tanto una característica muy digna de ser tomada en cuenta.

Ni independencia sin república, ni nacionalismo sin
apertura en alguna forma hacia la integración.

Estos rasgos caracterizan peculiarmente a la América Latina y le dan una innegable originalidad junto
a otros conjuntos de pueblos de nuestro tiempo.

ALEGATO POR LAS CUATRO COMUNIDADES

*Transcripción de la conferencia
dictada en Bogotá el 6 de septiembre
de 1984, en la Cátedra de las Américas
de la Universidad de los Andes.*

He venido aquí movido por un impulso natural en un hombre de mi convicción y de mi tiempo que se asoma al mundo de hoy lleno de interrogantes y de angustias. Esta iniciativa, que ha tomado la Cátedra de América de la Universidad de los Andes, es ejemplar y estoy seguro de que va a producir muchos frutos. Nos estamos interrogando, hace mucho tiempo, los hispanoamericanos, qué somos, qué papel nos corresponde desempeñar ante el mundo, qué podemos hacer, qué nos exige la historia, qué nos dicta el pasado y no hemos encontrado respuesta satisfactoria, han surgido proyectos de soluciones a medias que nunca han tenido la virtud de abarcar todo el conjunto de la ardua cuestión y de presentar una salida o una respuesta aceptada por todos.

Para honra mía me han precedido en esta cátedra el ilustre presidente de Colombia, doctor Belisario Betancur, los ex presidentes de Colombia, doctor Carlos Lleras Restrepo y Alberto Lleras Camargo, admirados y queridos amigos. Han expuesto con toda claridad y con amplia penetración la dimensión del problema.

Existe un organismo que se llama la O.E.A. La Organización de Estados Americanos es una organización reciente que se enfrenta a un problema viejo. La había precedido, a fines del siglo pasado, un tímido esbozo que fue evolucionando y que se llamó, en su época, la Unión Panamericana. Generalmente los hombres no hacemos cosas gratuitamente, las hacemos por algún imperativo o alguna exigencia manifiesta de las circunstancias y este hecho de que tan continuamente, por no remontarnos a raíces más viejas de las que hablaremos luego, se halla pensado en que hay que establecer algún tipo de vínculo jurídico para el conjunto de las naciones que pueblan el continente americano revela que todos tenemos conciencia, y la compartimos, de que esa situación nos impone consecuencias y nos exige conductas.

La Organización de Estados Americanos, contemplada en conjunto, ha sido una gran iniciativa. Es tal vez un ejemplo único en escala mundial, en la que los países todos de un continente aceptan no solamente formar parte de un foro libre en el que puedan discutirse los problemas comunes, sino una serie de reglas, no fácilmente aceptables por países muy celosos de su soberanía, como es la renuncia a la intervención armada, el reconocimiento jurídico de la igualdad de los Estados, la proscripción de la guerra y una devoción sincera y manifiesta hacia las instituciones democráticas y hacia la cooperación para el proceso. Ya éstos son suficientes títulos para que nosotros considiéramos que esta institución es útil y necesaria. Desde luego no ha rendido todos los frutos que podríamos esperar de ella.

La cuestión fundamental del sistema americano y del conjunto de los pueblos americanos se enuncia muy simplemente diciendo que habitamos un continente en el que está el país más rico y poderoso del mundo y en el que igualmente están algunos de los países más pobres e inestables. Esa relación es difícil, provoca conflictos de todo género, reacciones sentimentales, sensibilidades, tropieza, como tropieza siempre la dura realidad con lo que los hombres pedimos o exigimos de ella. Pero esa forma de relación entre esa inmensa potencia mundial y el resto de los países americanos ha sido, en el fondo, un ejemplo para el mundo porque no existe ninguna otra parecida, no existe ninguna otra en que una potencia de esa magnitud haya aceptado someterse a reglas jurídicas, haya reconocido una igualdad con los demás estados, haya renunciado al uso de la fuerza y se haya acogido a un sistema de derecho. Esto solo ya sería motivo suficiente para que considiéramos que esa institución es útil y es digna de ser mantenida. Claro que esa institución tiene fallas, probablemente estamos pidiendo de ella más de lo que puede dar, probablemente la hemos dejado de lado, probablemente ha estado atravesada un poco en la inmensa corriente de los grandes conflictos mundiales en los que las cosas han pasado mucho más allá del sistema de las relaciones americanas y que, de hecho, influye en modificar, en alterar o en reducir su campo de acción.

Bastaría imaginar, lo que sintetiza muy bien lo que debemos pensar, ¿qué hubiera sido de la América Latina si en el norte del continente, con todo el poderío de los Estados Unidos, hubiera aparecido una potencia napoleónica o un estado totalitario de cualquier pinta? Esto reviste las dimensiones de una pesadilla. No ha sido así. Los Estados Unidos han sido un país que ha mantenido tradicionalmente su fidelidad al principio democrático, a los ideales de la gran revolución de 1776, que no ha renegado en ningún momento de su creencia en aquel preámbulo admirable de su acta de independencia que dice: creemos que todos los hombres nacen libres e iguales. Y esa proclamación no la han repudiado nunca. Es difícil mantener un principio intacto en un mundo cambiante, complejo y conflictivo como el que vivimos. Pero el hecho de que esa inmensa potencia haya mantenido esos principios y pretenda, hasta donde es posible, ser fiel a ellos es un hecho positivo y nos corresponde a nosotros hacer que ello pase más allá de un mero reconocimiento moral, de una proclamación retórica y que se transforme en formas prácticas de cooperación eficaz.

Una de las formas que esa cooperación ha revestido, en los últimos tiempos, en las últimas tres o cuatro décadas, es la de la ayuda y la cooperación para el progreso. Esta nueva modalidad aparece hoy un poco de capa caída y, generalmente, los que la estudian piensan que no ha sido enteramente satisfactoria ni para los que dieron ayuda ni para los que la recibieron. Y esto ha traído como consecuencia que los grandes países industriales del mundo no hayan cumplido con aquel ideal de destinar un uno por ciento de su producto bruto a la cooperación internacional y a la ayuda. La verdad es que, después de la Segunda Guerra Mundial, solamente un puñado muy pequeño de países, que antiguamente fueron colonias, han logrado alcanzar un grado de desarrollo importante. La mayor parte de ellos están en el sureste asiático. Esa situación debemos, los hispanoamericanos, contemplarla con mucho realismo, no porque esto nos condene a no tener otro respiradero, ni otra salida al mundo, ni otra vía de futuro que la que pasa por la O.E.A., es importante esa vía, no debemos renunciar a ella, debemos ampliarla en tóda la posibilidad, pero no podemos, sería absurdo, encerrarnos voluntariamente en el convento continental y darle la espalda a todo lo demás que ofrece y presenta el mundo de hoy.

Éste es un mundo conflictivo, trágicamente amenazado, como nunca antes en la historia universal. En la simplificación de los comentaristas políticos se habla generalmente del enfrentamiento Este-Oeste, del conflicto latente y grave del Norte y del Sur. Pero no es tan simple el cuadro. La existencia en este instante de las descomunales superpotencias, con un poder de destrucción que el hombre jamás pudo vislumbrar, y los intereses que ellas representan, ha creado una nueva situación mundial de la que no podemos escapar. No hay manera de estar fuera de esa realidad. No hay refugio para escapar de ella. Y eso lo revela un hecho que todos los días se repite, ya no hay en el mundo conflictos locales, el más apartado que surja en el más lejano país del mundo puede ser interpretado como un hecho que amenace ese delicado equilibrio mundial y obligue a que las superpotencias se muevan para enfrentar, dirigir y controlar el pequeño conflicto local por miedo de que la otra lo haga. Ésa es la realidad en que vivimos, y sería pueril cerrar los ojos ante ella y seguir haciendo proclamaciones teóricas que tienen poco que ver con la realidad. No vayan a creer ustedes que yo vengo aquí a hacer una proclamación de realismo cínico y que esté invitando a nadie, de ningún país americano, a que haga de su capa un sayo y vea como se aprovecha del desorden para medrar. Nosotros tenemos una tradición, una cultura, una historia, unos principios, y ellos nos obligan a una conducta. No podríamos pasar por sobre esas cosas sino al precio de un envilecimiento inaceptable, de una degradación, de una renuncia a lo que somos.

Cuando contemplamos el cuadro de la O.E.A., no podemos olvidar que no pertenecemos solamente a una comunidad continental que se asienta en dos aspectos, que es bueno recordar, en un hecho geográfico que es el resultado evidente de habitar un mismo continente aislado de los otros, el único continente aislado del planeta, fuera de Oceanía, sino también a una comunidad de ideales y de principios morales. Los hombres que realizaron la Independencia de las naciones hispanoamericanas, los que firmaron la Constitución venezolana de 1811, los que en todos y cada uno de estos países, como en Bogotá en 1810, pensaban muy concretamente en realizar en el mundo hispanoamericano lo mismo que los colonos de las posesiones inglesas del Norte habían logrado, es decir, crear un orden republicano, un sistema de ley y democracia fundado en el respeto de los derechos humanos.

Ésta es una comunidad bastante más efectiva y obligante que la mera contigüidad geográfica, que muchas veces, en todas partes, no ha llevado sino al enfrentamiento, a la rivalidad y a la enemistad, del mal vecino, mientras el compartir ideales políticos, concepciones ideológicas y principios filosóficos sobre el hombre y su destino acercan mucho más que cualquier otra vinculación que podamos imaginar.

Los países hispanoamericanos, que integran la O.E.A., forman parte, al mismo tiempo, de otras comunidades, más vivientes y efectivas, y de ellas quiero hablar someramente ahora.

En primer lugar, pertenecemos a una comunidad indudable y evidente, que es la de las antiguas colonias españolas de América. Constituimos un conjunto de pueblos que tienen en común todo lo que de más precioso puede servir para identificar a los pueblos. Tenemos una misma cultura, una misma historia, creemos en el mismo sistema de valores, hemos proclamado, desde el primer momento de nuestra independencia, los mismos principios políticos, hemos intentado organizar una sociedad de democracia, de libertad, de paz y de cooperación basada en ese cimiento común, que va desde la lengua a la historia y a los grandes mitos tutelares. Por donde se la mire es una comunidad real. No existe una O.E.A. ni ninguna estructura que traduzca la existencia de ese formidable hecho humano, pero aparece continuamente, de un modo visible y subyacente que lo revela en cada momento y ocasión. Darle la espalda e ignorarlo sería una insensatez y sólo serviría para disminuirnos.

Esto lo vieron con toda claridad los fundadores de la Independencia, al darse cuenta de que no era posible lograrla parcial y aisladamente, que tenía que ser una empresa de todos los países, sin excepción, y que mientras no se lograra esta finalidad la suerte de la independencia en cada país aislado sería precaria y de corta vida. No se limitaron los próceres a alcanzar la independencia de la metrópoli, no era su mira ser dueños de su propia casa, les importaba no menos saber lo que iba a pasar dentro de esa casa, y en ese camino, desde el primer momento, proclamaron como objeto supremo el establecimiento de repúblicas democráticas, basadas en el reconocimiento efectivo de los derechos del hombre.

Eso no fue posible por muchas causas y razones, porque existía poco contacto entre unos y otros países, a pesar de la similitud de situación, porque no hallaban en su pasado, para ese momento, ninguna tradición, ni menos experiencia, de gobierno propio ni representativo, no se contaba con ninguna institución sobre la cual asentar el nuevo edificio de una república democrática, igualitaria y libre.

Esas aspiraciones y tentativas heroicas de crear un nuevo orden tropezaban con la dura realidad social e institucional legada por el pasado de lo que habían sido las colonias españolas. Esas sociedades tenían un orden, pero no era un orden que brotaba de adentro, estaba impuesto desde afuera, en un sistema vertical de autoridad y de castas, sacralizado, que descendía hasta el pueblo y no subía de él, que era el del invisible, remoto y todopoderoso rey de España.

El caso de las colonias inglesas del Norte fue enteramente distinto. En ellas se habían desarrollado continuamente formas autónomas y propias de gobierno democrático. Disfrutaban de sistemas electorales y representativos, se reconocían, en el uso y en la ley, los derechos del hombre, por manera que la supresión de la autoridad del rey de Inglaterra no significó un cambio radical y menos todavía un salto en la oscuridad para aquellas comunidades, para aquellas sociedades que lo que hicieron fue continuar, bajo otra autoridad suprema, una tradición jurídica e institucional propia, en la que venían viviendo desde el comienzo de su instalación en el nuevo continente.

No fue éste el caso nuestro. Allí está la voz de Bolívar, en el Congreso de Angostura y en muchas otras ocasiones en que se asomó el arduo problema, ¿cómo lograr hacer la república sin antecedentes favorables? Es aquella angustia que él expresó alguna vez cuando dijo: «Más le temo a la paz que a la guerra», porque la guerra, desde luego, era una suerte de disciplina, un orden, ciertamente atroz, pero al fin un orden efectivo y cuando ese orden, impuesto por las exigencias del combate, cesara, ¿cómo se iba a hacer para asegurar establemente un sistema institucional efectivo y justo en aquellas sociedades desarticuladas por la guerra, y que no traían del pasado ninguna tradición institucional que les permitiera entrar con pie seguro en un nuevo tiempo y en una nueva forma de existencia tan diferente de todo lo que habían conocido por siglos?

Esa grave incongruencia la advirtieron muchos de los hombres de esa época. Entre ellos uno de los más originales, de los más valiosos y de los más ignorados, Simón Rodríguez, que fue maestro de Bolívar pero que, como él mismo lo decía con mucha razón, tenía otros títulos y, realmente, los tenía.

Cuando Rodríguez regresó a su América, después de más de veinticinco años de permanencia en Europa, en una ausencia de curioso, de estudioso, de investigador de los hechos políticos y sociales, se dio cuenta, después de Ayacucho, de que el problema de la organización republicana en la América Latina era immenso y desproporcionado, y fue entonces cuando dijo que no podíamos hacer repúblicas sin republicanos y la respuesta que se daba él mismo fue: vamos a hacer los republicanos. ¿Dónde iba a hacer a esos republicanos? En el único lugar en que se podía, en la escuela, y es entonces cuando él expone aquellas concepciones asombrosas que hoy han propuesto muchos de los dirigentes de las revoluciones recientes: crear un hombre nuevo, Simón Rodríguez quería crear un criollo nuevo. No era una empresa fácil, los hombres somos lo que somos por la cultura, por lo que nos han hecho las tradiciones y las creencias visibles o soterradas, y cortar y transformar esa tradición o esa realidad es casi imposible, sin embargo él se proponía realizar esa utopía, pensaba en una escuela que segregara al niño del cuadro familiar, que educara a varones y hembras para enseñarles a vivir en república y a vivir de su trabajo porque como él decía: al que nada sabe cualquiera lo engaña y al que nada tiene cualquiera lo compra, y para eso proponía con una frase hermosísima, que sintetizaba su proyecto, declarar la nación en noviciado.

Esto revela hasta donde se daban cuenta estos hombres de la difícil empresa de crear repúblicas en un medio social e institucional que no preparaba en absoluto para ello. El resultado lo sabemos todos, surgió el caudillismo lugareño que representaba la única forma de autoridad acatada que pudo aparecer después de la guerra. Los caudillos, o los más de ellos, fueron hombres sin visión muy atados a lo regional, muy celosos de cualquier disminución de su autoridad personal que por su propio interés exacerbaron hasta límites extremos un sentimiento de nacionalismo aislante que hacía muy difícil cualquier forma de acercamiento o cooperación entre su país y los demás, que no tenían tampoco ningún tipo de educación para la democracia.

Muchas veces he reflexionado sobre esto: que la América Latina tiene una devoción por la democracia mucho más allá de lo esperable y que se traduce en un hecho muy curioso, por ejemplo, no ha existido en América Latina, tal vez con la excepción superficial y transitoria de la momentánea proclamación por Getulio Vargas del «Estado Novo», ningún régimen político que haya creado y proclamado instituciones dictatoriales, las dictaduras hispanoamericanas, casi sin excepción, se han hecho bajo una constitución liberal que no se cumple pero que se mantiene, venerada e ineficaz, como un ídolo reverenciado al cual sería peligroso renunciar o abolir, sin grave riesgo para la estabilidad del régimen. Eso revela una adhesión que va mucho más allá de lo formal y aparente que debería ser tomada muy en cuenta por todos los que nos preocupamos del porvenir político del continente.

Pertenecemos a esa comunidad de hecho de las antiguas colonias españolas, no hemos hecho mucho para activarla, sería simple y fácil hacer la estimación de lo que representaría la suma de esos países, a los que habría que añadir a España, de potencial económico, político y humano. Constituimos una magnitud extraordinaria de gentes y de recursos materiales de todo tipo. El día en que, por un acto de inteligencia y comprensión pongamos sobre un plan cooperativo y abierto a colaborar todo eso para unos fines concretos podríamos hacer cosas extraordinarias, podríamos crear dos o tres de los más grandes centros científicos del mundo, podríamos entrar a tratar de quién a quién con los países que más han avanzado en la ciencia y la tecnología, podríamos poner en el espacio satélites que hablaran nuestra lengua, podríamos cooperar políticamente, no para convertirnos en ningún bloque que amenace a nadie, sino para reconocer y poner a valer un hecho histórico.

Si de esta noción de las antiguas colonias españolas y de España pasamos al paso inmediato e inevitable que está en la lógica misma del destino, que es el de la cooperación de todos los países iberoamericanos, que resultaría absurdo excluir, con el Brasil y su inmenso potencial, y Portugal con su historia admirable de país creador de mundos, si hiciéramos consciente y efectiva esa comunidad iberoamericana total con todos los pueblos del continente de habla española y portuguesa, y con España y Portugal, las posibilidades de ese conjunto serían inmensas y serían factibles, casi provoca desbocarse en imaginaciones y sueños esbozando todo lo que podríamos hacer juntos si saliéramos de la cárcel de aislamiento, en la que venimos permaneciendo encerrados dentro de las fronteras nacionales, apegados a viejos ídolos impotentes y poco válidos y sin tener visión para todo lo que nos está ofrecido con la posibilidad de ese entendimiento y cooperación para el bien de todos sin predominio de nadie.

Lo que nos separa de los lusoparlantes es mínimo, ni siquiera, propiamente, una barrera lingüística, el portugués y el español son dos lenguas hermanas y con muy poco esfuerzo los que hablamos español podemos entender a los que hablan brasilero y viceversa.

Pero desgraciadamente, ¿en qué universidad de América Latina, en qué escuela secundaria se enseña esto?

Prácticamente en ninguna parte. En la Universidad Central de Venezuela no existe una cátedra que enseñe lengua, historia y cultura del Brasil, porque, sencillamente, parece que no nos hemos dado cuenta de que al lado del país existe ese inmenso país con todo su potencial de desarrollo, en cambio, cosa muy característica, tenemos una cátedra de esperanto.

Semejantes absurdos revelan hasta qué extremos hemos llegado en cegarnos ante la realidad más obvia. Si fuésemos capaces de hacer efectiva esa comunidad, esa colectividad del conjunto iberoamericano, nuestra posición ante el mundo cambiaría radicalmente, nuestra presencia, nuestro valimiento y el peso de nuestra opinión se haría sentir en todo el planeta, no con ánimo de entrar en ninguna competencia de poder, porque sería un error grave, a pesar de que no podemos, tampoco, ignorar que todas las relaciones entre los hombres, de cualquier naturaleza que sean, son, finalmente, relaciones de poder y aparece detrás de ellas ese hecho fundamental que viene tal vez de nuestra filogenia animal. Pero la intención no puede ser convertir esa vasta familia de pueblos en una potencia agresiva, con ánimo de dominar o amenazar a nadie, sino de hacer más válidas nuestras posibilidades de poner en común lo que tenemos y reconocer el hecho real de nuestra situación. Lamentablemente da la impresión de que no logramos ni verlo ni comprenderlo.

Tenemos con la comunidad de los Estados Americanos que es importante y vital y a la que no podemos ni debemos renunciar la comunidad yacente, herencia intocada en gran parte, de los pueblos iberoamericanos. Podríamos, ahora que se acerca el Quinto Centenario del Descubrimiento de América, hacer el modesto esfuerzo de un pequeño manual que llegue, a nivel de secundaria, a todos los estudiantes que presente ese hecho, que cuente y explique, de un modo sencillo y veraz, qué es la comunidad iberoamericana, qué tenemos en común en la historia y qué podemos hacer juntos en el presente y el futuro. Ese pequeño libro no existe porque no nos hemos dado cuenta de que es el más importante que podríamos poner en las manos de nuestros jóvenes.

Pero con esto no se agota la lista. Formamos también parte de otra comunidad distinta que no se funda en la historia, ni en la cultura, ni siquiera en la geografía. Nace de una similitud de situación política y económica. Es la de eso que, vagamente, se llama el Tercer Mundo, que en el lenguaje de las Naciones Unidas forma el Grupo de los 77 que ya pasan de 126 países. Son los nuevos Estados que surgieron después de la Segunda Guerra Mundial como fruto del proceso de descolonización en los antiguos continentes, particularmente en África y Asia. Esos países surgieron a la dignidad de independientes y libres llenos de limitaciones y de carencias. Hubo algunos de ellos en que a la hora de la Independencia no habrá más de veinte graduados universitarios. Todo esto planteaba inmensos desafíos, y exigencias casi sobrehumanas. Estos nuevos Estados de África y Asia acudieron a las antiguas potencias coloniales para exigirles colaboración y plantearles la necesidad de que los ayudaran a asumir plenamente la dignidad de países libres e independientes, dignidad que va más allá de una bandera y una proclamación constitucional. El resultado de ese estado de espíritu ha sido acercar a esos países, separados por continentes, culturas, y tradiciones, pero coincidentes en una situación similar frente a los países industriales del mundo y a las antiguas potencias coloniales.

Las exigencias que ellos planteaban se han ido haciendo cada vez más dramáticas. Los economistas la llaman la brecha entre los países desarrollados y los países que, con eufemismo, llamamos en desarrollo, que no ha disminuido en ningún momento y es, de hecho, más grande hoy. El ingreso nacional per cápita presenta diferencias abismales, el nivel medio de vida, la miseria endémica, no solamente no ha disminuido, sino que tiende a aumentar con el fatal peso incontrolado del aumento poblacional. Mientras los países del Norte, los desarrollados, cada día tienen un nivel de vida más alto, más poder en todos los sentidos de la palabra, el resto de la humanidad que es la mayoría, se encuentra en una situación de desventaja, pobreza y limitación que no puede ser aceptada pasivamente. Ya ha traído reacciones de todo género y ha provocado la creación del grupo de los 77, que ha permitido se reconozca la existencia de algo que se llama el Tercer Mundo.

¿Qué papel juega la América Latina dentro de ese Tercer Mundo? Sin duda, uno muy *sui generis*. Estamos y no estamos dentro del Tercer Mundo. Estamos por el hecho cierto de que somos países que no han alcanzado su pleno desarrollo, tenemos muchas lagunas y deficiencias en nuestro crecimiento económico y social, arrastramos grandes diferencias de situación social y a una inmensa población miserable que no hemos logrado elevar de nivel, pero nos diferencian otras muchas cosas.

No estamos saliendo de un régimen colonial, al cual en rigor no pertenecimos nunca. El régimen español en América era muy distinto a los sistemas coloniales del resto del mundo. En el siglo XIX no existían propiamente colonias de España sino reinos y provincias de un conjunto jurídico y político que tenía por cabeza al que era, al mismo tiempo, rey de España. El rey de España era rey de Castilla y rey de Aragón, y rey de Granada, rey de Colombia, rey de Argentina y rey de Venezuela. En el momento en que los hombres que iniciaron la independencia hicieron pública su posición, el alegato fundamental que expuso la Junta de Caracas en 1810 fue el de declarar que se había roto el vínculo. Si hubiéramos sido colonias españolas no se habría roto esa dependencia. Había un gobierno en España pero, como ellos lo decían en su manifiesto, no reconocían otra persona que el rey legítimo. El vínculo no era el de colonos de España sino el de vasallos del rey, al mismo título que lo eran castellanos o aragoneses. Eso es lo que invocan los hombres del 19 de abril de 1810 como razón válida para asumir la autonomía. Había desaparecido del trono de España la figura del rey y no debían obediencia a más nadie. Nos diferencia además otro hecho, pertenecemos a eso que se llama la civilización occidental. Yo no estoy hablando aquí en lenguaje chibcha, ni en ninguna otra lengua que no sea el español universal, nuestra lengua materna. No es igual el caso de los países africanos o asiáticos, con culturas vivas identificadas en su tradición y carácter, con lenguas, instituciones y mentalidades propias. Hoy los historiadores dan tanta importancia a eso que llaman historia de las mentalidades como la que tienen los fenómenos económicos, políticos o militares.

Nosotros tenemos una mentalidad que no es exactamente la de quienes han sentido el peso de una civilización que se les superpuso de modo adventicio, que no llegó a penetrar nunca hasta abajo. Las lenguas europeas no sustituyeron nunca las nacionales y sólo fueron aprendidas y usadas como lenguas de comunicación. En ellos hay un bilingüismo que en nosotros no existe sino en limitadas regiones donde perduran culturas indígenas, que también hablan español. Pertenecemos por la cultura, las instituciones y la mentalidad al mundo ocidental. Proclamamos repúblicas a partir de 1810 y no resucitamos alguna vieja monarquía sagrada. Proclamamos los derechos del hombre, pertenecemos a esa civilización, somos parte de ella, hemos nacido y crecido dentro de ese juego de valores y nos sería imposible rechazarlos y repudiarlos para aceptar otros que no podrían tener vigencia efectiva.

Tenemos, además, un cierto grado de desarrollo (variable en los distintos países) de conciencia nacional y un crecimiento que establece diferencias grandes con muchos de los países del Tercer Mundo. Pero estamos también como ellos ante esa brecha que separa al Norte del Sur. Dentro de ese grupo del Tercer Mundo podemos desempeñar un papel único, que más nadie puede desempeñar. Somos el puente natural entre el Norte y el Sur, somos de Occidente de una manera peculiar —no como lo es un francés o un inglés— podemos entender qué piensan, cómo reaccionan los hombres de la civilización occidental, porque pertenecemos a ella, pero en un modo distinto. En nosotros se ha operado un proceso de mestizaje cultural, que nos hace distintos dentro de esa situación. Seríamos, necesariamente, el puente para el entendimiento, discusión y planteamiento en busca de soluciones a los problemas que dividen al Norte del Sur. Esa comunidad no podemos ignorarla.

No estoy diciendo, y sería absurdo que lo dijera, que renunciáramos a una de esas comunidades, a nuestra madre en favor de nuestro padre. Pertenecemos a ellas por vínculos de hecho que están más allá de la pura voluntad. Además de que es imposible resultaría absurdo debilitarnos y empobrecernos. Podemos y debemos mantener vivas esas cuatro comunidades, sin renunciar a ninguna, sin perder la presencia en ninguna, sin olvidar que pertenecemos a cada una con títulos válidos, que aumentan nuestra presencia en el mundo y nuestras posibilidades de actuar.

Vivimos en un tiempo peligroso, lleno de conflictos y de enfrentamientos de todo género. Básicamente en el del enfrentamiento de las dos superpotencias, que se afrontan diariamente en todos los terrenos en una tensión creciente que amenaza, a cada momento, con romper en guerra abierta. En esa tensa víspera de horror vivimos todos los hombres en esta hora. No hay paz verdadera sino una especie de tregua frágil que amenaza a todos y que haría muy útil la presencia internacional de un conjunto sólido de pueblos pacíficos que puedan favorecer la distensión entre los dos poderosos rivales. No hay que olvidar que ya no hay conflicto local y que eso que llamamos, casi irrisoriamente, la paz, tiene otros nombres más realistas como son el equilibrio del terror nuclear o la guerra fría.

Estamos también en un momento en que ante los ojos de los hombres se abren perspectivas increíbles. Una es la de la destrucción de toda vida y toda civilización en el planeta por una guerra nuclear. Otra, la de la posibilidad de que, con los maravillosos progresos científicos y tecnológicos que el hombre ha alcanzado, logremos ponernos de acuerdo para hablar constructivamente, deponer las armas, y abrir un cambio para crear una humanidad que pueda marchar junta hacia un progreso lógico y alcanzable. Nunca antes existió ninguna de estas dos posibilidades opuestas, ni la horrible, ni la promisora, y frente a esta alternativa ningún hombre puede permanecer indiferente. No podemos esperar que otros vayan a arreglar esa cuestión de vida o muerte por nosotros. Sería indigno de nuestra condición de hombres. Tenemos que participar, en la medida de nuestras posibilidades y nuestras fuerzas para que esa alternativa se resuelva de la manera más deseable, y no podamos contar con la pequeña fuerza que representamos aislada y nacionalmente. Tenemos que poner a valer todas las comunidades a las que pertenecemos y que no son excluyentes las unas de las otras.

Parecería que estoy proponiendo un plan quimérico y difícil de llevar a la práctica porque no sería posible combinar las cuatro comunidades. No existe ejemplo más visible, más cercano y más digno de estudio que el de los Estados Unidos. Los Estados Unidos pertenecen, igualmente y en plena adhesión, a varias colectividades. La primera y fundamental, que no logramos repetir nosotros, fue la unión de las antiguas colonias inglesas de América. Pertenecen, luego, a una comunidad política, económica y militar, la de los pueblos anglo-parlantes. Eso que se llama el Commonwealth británico no es solamente lo que aparece oficialmente, es algo mucho más poderoso que es el conjunto de todos los pueblos angloparlantes unidos por vínculos sólidos en el cual está incluido la potencia más grande del mundo: los Estados Unidos. Esa situación ha tenido consecuencias que todos conocemos, desde las ya remotas en que los Estados Unidos entraron en dos guerras mundiales, saltando por sobre las admoniciones de Washington, hasta el hecho muy reciente y lamentable de las Malvinas.

Los Estados Unidos, además, pertenecen al sistema interamericano, lo han sostenido, lo necesitan y está en nuestras manos que ese sistema no sea simplemente un instrumento de la política de los Estados Unidos sino de la cooperación efectiva de todos los pueblos americanos, sin desdeñar a los Estados Unidos y sin enfrentarnos con ellos, porque tenemos que convivir con ellos y no podemos borrarlos de nuestro panorama. Tenemos muchas ventajas que obtener tratando inteligentemente con ellos, sin que esto signifique sumisión, ni renuncia, muchísimo menos si hacemos válidas las colectividades a las que pertenecemos de hecho o de derecho.

Los Estados Unidos, también, pertenecen a otra colectividad muy importante: la OTAN, la Organización del Tratado del Atlántico Norte, que va mucho más allá de una cooperación, es una alianza política, militar y económica para enfrentar al bloque soviético. Alianza muy fuerte, y estrecha, fundada en la decisión de contrarrestar lo que ellos consideran amenaza para su sistema, para su manera de pensar, para sus tradiciones sociales, políticas e intelectuales. Esto no significa que los Estados Unidos se hayan retirado de la OEA, ni que el hecho de pertenecer a la comunidad británica los excluya de entrar en la OTAN, ni que el hecho de estar en estas organizaciones signifique debilitamiento del hecho fundamental de la unión de las antiguas colonias inglesas de América.

Nosotros podríamos hacer algo semejante. Si esto se hiciera consciente en la mayoría de nuestros pueblos y, particularmente, en los hombres que tienen en sus manos la posibilidad de tomar decisiones, nuestra historia podría cambiar y rápidamente podríamos pasar de ser Estados desunidos, países débiles en distintos grados de desarrollo que cuentan poco en el escenario mundial, a tener una presencia efectiva ante el mundo, a ser uno de los bloques más homogéneos, poderosos y respetables que el mundo haya conocido en los últimos tiempos. Un bloque pacífico para el progreso, para la justicia, para que se alcancen, finalmente, los ideales por los cuales creamos estas naciones y en nombre de los cuales pretendemos seguir existiendo.

LA GUERRA DE LOS DIOSES
Y LA CREACIÓN DEL NUEVO MUNDO

Discurso en la instalación del Primer
Congreso Internacional sobre Hernán Cortés,
en el Paraninfo de la Universidad de Salamanca,
el 23 de octubre de 1985, con motivo del
Quinto Centenario de su nacimiento.

«¿Qué hay en un nombre?», se preguntaba Shakespeare para que tres siglos más tarde Wittgenstein pudiera responderle, con igual perplejidad: «¿Cómo es posible representar un mundo no-lingüístico en términos lingüísticos?» Nada es más engañoso, cambiante y ambiguo que los nombres, siempre es oscuro lo que pretendemos expresar con un nombre y su relación con la cosa nombrada no es menos vaga. Nombrar es crear, toda la creación verbal del hombre, que es su mayor hazaña, tiene como base la virtud fecunda de ese descalco que, afortunadamente, no permite que lleguemos a saber todo lo que nombra un nombre, ni hasta dónde representa la cosa nombrada.

Buen ejemplo de ello lo constituye ese inmenso y nunca agotado hecho que hemos llamado de tantas maneras: el Descubrimiento de América, la Empresa de las Indias, el Nuevo Mundo o el encuentro creador de culturas extrañas entre sí. La novedad fue tan grande y tan inesperada que desquició y trastrocó los conceptos más aceptados y nada quedó indemne ante su súbita y creciente presencia. Nos acercamos al medio milenio de su aparición y está lejos de cerrarse el debate, la insegura definición y aquello que, ingenuamente, los primeros cronistas llamaron «la verdadera historia».

Los europeos no tenían antecedente de semejante acontecimiento, la súbita aparición de una inmensa porción de tierra y humanidad de la que nada se sabía. Se podría hacer un largo catálogo de los equívocos inevitables que surgieron en aquella insolitez. No era fácil comprender que había surgido una nueva geografía que invalidaba la antigua, ni una nueva humanidad que negaba la unidad histórica tradicional, ni una nueva manera de ser hombre en una naturaleza extraña.

El primer nombre que brotó espontáneamente fue el de Nuevo Mundo. Es el que usan Pedro Mártir y Vespucci, grandes divulgadores de la nueva. La primera visión fue la de «las islas del mar occidental recientemente descubiertas». La novedad era la del hallazgo, lo que Vespucci llamaba «L'isole novamente trovatte», pero que muy pronto comenzó a conocerse como Nuevo Mundo. Este nombre, aparentemente tan simple, estaba lleno de equívocos y ambigüedades inagotables. Pedro Mártir se refiere críticamente a «las cosas del Nuevo Mundo que en España suceden», de los europeos «idos a mundos tan apartados, tan extraños, tan lejanos» y, al referirse a la primera Misa que se cantó en el nuevo suelo, apunta «en otro Mundo, tan extraño, tan ajeno, de todo culto y religión».

Desde el primer momento del largo proceso todavía no cerrado se advierte claramente la dificultad de la asimilación conceptual y mental del insólito hecho. Todo parece diferente pero se busca desesperadamente, como una seguridad para la sobrevivencia, lo que pueda parecer familiar, conocido o semejante a lo que hasta entonces habían conocido los descubridores. Comenzaron a nombrar por aproximaciones y semejanzas. Animales, plantas, fenómenos climáticos extraños recibieron apelaciones de similitud externa que eran puras metáforas. Oían cantar el ruiseñor y creían andar en el país de las Amazonas. Sería tarea de psicólogos estudiar la significación de conjuro mágico para apaciguar temores que tenía el hecho de reproducir, en aquella tan distinta realidad física, la toponimia española.

La primera acepción del Nuevo Mundo es la que le dan quienes difunden la nueva por Europa. Es un mundo nuevo y desconocido para los europeos. Más tarde, y cada vez más acentuadamente, va a comenzar a parecer un nuevo mundo en sí, caracterizado por una situación distinta. El hecho comienza cuando se hace evidente que los españoles venidos a la nueva tierra no podrán continuar dentro del mundo al que pertenecían antes de venir y que los indígenas tampoco podrán, nunca más, ser los mismos que eran antes.

Desde la mañana de Guanahani hasta el inicio de la fabulosa aventura de Cortés corre un tiempo de preludio. Es un cuarto de siglo en el que comienza a tomar fisonomía propia el nuevo hecho humano y natural. Un rico preludio en el que aparecen ciertas constantes, que se repiten y amplían hasta dominar, como el «leit motiv» en la música wagneriana.

En primer término, el nuevo escenario natural. No se va a agotar durante siglos el asombro y el desacomodo de los europeos ante la naturaleza americana: las relaciones, los testimonios de toda índole, expresan ese desconcierto y esa dificultad de adaptación. No tienen nombres para las cosas pero tampoco tienen parangón para los hechos naturales. No han visto viento como el huracán, ni noche pareja al día, ni estrellas del Sur, ni aquellos desmesurados ríos que llamaban mares dulces, ni aquellas gigantescas sierras nevadas e inaccesibles, ni las vastas llanuras a pérdida de vista, ni el manatí que parece una sirena, ni la llama que no parece pisar suelo, ni la profusión de pájaros desconocidos, ni la inversión de las estaciones, ni el pan, ni el habla, ni la creencia de aquellos seres fuera de clasificación.

También desde el primer momento concurren los tres personajes fundamentales del drama histórico. Aquellos españoles desplazados y aventados a lo desconocido, aquellos nativos que no se sabe cómo nombrar y que terminarán llamando metafóricamente indios, y aquellos negros esclavizados, que vienen a hacer lo que el indio no sabía y el español no quería, el duro trabajo de los labriegos y mineros de España.

Queda mucho por decir sobre el arduo problema que constituyó la dificultad casi invencible de someter los indios antillanos a un régimen de trabajo a la europea. Literalmente pertenecían a otro mundo donde no había moneda, ni salario, ni capital, ni diferencia entre ocio y labor. Eran cazadores, recolectores, cultivadores de conuco, sin faena ni horario, sin sentido de acumulación ni de ahorro, a los que fue de toda imposibilidad transformar en «labriegos de Castilla».

También se inició allí el encuentro de los dioses. La creencia casi espontánea en deidades del trueno, la muerte y la cosecha y una religión militante, combativa, afirmada en una lucha secular contra los infieles. La presencia de España en las nuevas tierras no fue meramente una empresa imperial, precursora de las que otros pueblos occidentales llevaron adelante casi hasta nuestros días. No se trataba solamente de establecer factorías, estructuras de dominio militares y políticas superpuestas, sino de un propósito abierto y confeso de conquistar la tierra y los espíritus, no para establecer una dependencia astuta y próspera sino para cambiar radicalmente lo existente y crear un hecho humano nuevo. Tan importante, y acaso más, en la mentalidad de aquellos seres, era extender el cristianismo a todos los hombres como conseguir riqueza y señorío. No era ni siquiera imaginable respetar y mantener las creencias locales, había que imponer de inmediato y por los medios más expeditivos la verdadera fe.

Por esa misma actitud surge igualmente el otro conflicto característico de aquella empresa única. La necesidad de dominar y de obtener poder y riquezas chocaba continuamente con los principios y la moral de la religión católica. Había una incompatibilidad inconciliable en la contradictoria pretensión de dominar y de evangelizar compulsivamente al mismo tiempo. Tuvo que surgir una crisis de conciencia, única en la historia del mundo. Someter a los indios y mantenerlos en la pacífica y tranquila práctica de sus cultos, con la supresión de algunos ritos inaceptables, como los sacrificios humanos, hubiera sido posible. Someterlos y cambiarles al mismo tiempo su creencia secular, parecería imposible, pero fue, sin embargo, lo que se pretendió hacer.

No tuvieron éxito en la tentativa de hacer de los indígenas «labriegos de Castilla» pero, en cambio, lo tuvieron de una manera peculiar y viviente en convertirlos a la fe católica. Lo que surgió fue una cambiante y rica forma de sincretismo religioso y cultural. Se empeñaban en hallar trazas de coincidencias con la práctica y los símbolos del catolicismo en algunos ritos y representaciones indígenas. Se veían cruces en los monumentos mayas y aztecas y se llegó más tarde a pensar en una milagrosa predicación del Evangelio hecha por el Apóstol Santo Tomás.

La crisis de conciencia se plantea de inmediato desde los primeros sermones de los frailes misioneros. ¿Era posible conquistar con las armas cristianamente? Se estaban ganando nuevas tierras pero se podía estar perdiendo el alma. Este dilema, insoluble e insoluto, no se ha planteado nunca en tales términos a ninguna potencia conquistadora de la historia. No se planteaba evidentemente porque en las expansiones imperiales de los tiempos modernos no hubo ni motivación ni preocupación religiosas. Los colonos de Nueva Inglaterra querían vivir con toda pureza su propia fe cristiana, pero nunca pensaron como razón principal de su empresa la de evangelizar a los indígenas. La separación entre lo que correspondía a César y lo que correspondía a Dios fue completa.

El inagotable debate, nunca concluido, que aparece desde el encuentro va a condicionar toda la acción de la Corona en las Indias, va a provocar los más apasionados y eruditos pronunciamientos, va a alcanzar su culminación en la polémica trágica de Las Casas con Sepúlveda y va a condicionar la comprensión de la historia y la mentalidad hispanoamericana de manera indeleble.

La noción del Pecado Original, de tanta consecuencia en la mentalidad cristiana, fue trasladada, con todas sus consecuencias políticas y psicológicas, al nacimiento de un inmenso ser colectivo. Las voces que alzaron Las Casas, Vitoria y tantos otros, durante siglos, no han dejado de resonar nunca en la conciencia de la identidad hispanoamericana.

La tríada, que va a dirigir el proceso de la creación del Nuevo Mundo, queda formada desde aquel primer momento: el conquistador, el fraile y el escribano. El conquistador, que es un hijo de sus obras que todo lo tiene en el futuro y en la voraz esperanza, el fraile que se esfuerza en afirmar el propósito intransigentemente evangelizador de la empresa, y el escribano, que personifica el Estado y sus leyes. Ninguno de los tres hubiera podido actuar solo. Cada uno representaba parte esencial de una unidad de propósitos que los dominaba continuamente. El hombre que se apoderaba de la nueva tierra, el que de inmediato comenzaba a convertir a los nativos más allá de la barrera de las lenguas, de la comprensión y de la posibilidad real, y aquel otro que representaba la ley del Estado y daba forma legal y valedera a lo que de otro modo no habría pasado de simple expolio.

Una presencial real, la de un hombre que se jugaba su propio destino, y dos seres no menos heroicos, que representaban mucho más que ellos mismos, la Iglesia universal y la Corona de tantos reinos y señoríos, con su jurisprudencia, sus cortes, sus órganos de poder, sus magistrados, sus jueces, y su rey y señor.

Esa primera etapa de la Conquista define y crea las formas que va a revestir el inmenso hecho que apenas tiene allí su prodigiosa víspera. Lo que allí se hace y define va a determinar en mucho toda la acción futura. Aparecen las nuevas necesidades y las nuevas funciones. Nada hay de semejante en el pasado que ofrezca modelo. La lucha secular contra los moros era una empresa de reconquista para recobrar lo que les había sido arrebatado y restituirlo a lo que imaginaban su verdadero ser. Van a resucitar viejos nombres y funciones de la frontera de combate de siete siglos. Reaparecerán los Adelantados, las formas de dominio de frontera, se crearán instituciones nuevas con viejos nombres, como la Encomienda, y se adaptará a las nuevas necesidades el viejo aparato administrativo peninsular.

Todos los que llegan tienen de inmediato la sensación de que se está en la víspera ardiente de nuevos e increíbles hallazgos. Desde Colón se ha recorrido buena parte del Caribe y se ha topado con la Tierra Firme. Continuamente salen nuevas expediciones que van revelando la dimensión inabarcable de aquel mundo alucinante. Todo parece posible, desde hallar el Paraíso Terrenal, hasta entrar en el reino de las Amazonas, alcanzar El Dorado, la Fuente de la Juventud, las montañas y los ríos de oro y los mares cuajados de perlas.

En la etapa antillana aparecen y toman forma las grandes cuestiones que van a caracterizar todo el largo proceso. El choque cultural que produce el encuentro, el problema de la asimilación de los indígenas, las dificultades de trasladar pura y simplemente el modelo europeo de producción y sociedad, la necesidad imperiosa de atender a circunstancias nuevas que deforman y desnaturalizan los propósitos y los planes, el surgimiento de varios estratos en los que la realidad mal definida y los conceptos formados en la experiencia histórica del Viejo Mundo entran en constante pugna y contradicción.

Acaso la institución que mejor refleja y representa este difícil acomodo entre dos mentalidades ante una situación inusitada es la Encomienda. No necesitaría más que remitirme a Silvio Zabala, que al través del luminoso estudio de esa institución sui-géneris ha penetrado hasta lo más profundo la peculiaridad inherente de la nueva sociedad. Dentro de esa creación heterogénea que es la Encomienda, se forma el instrumento más activo y poderoso de formación social. Es dentro de ella que se decide la pugna entre las aspiraciones señoriales de los conquistadores que aspiraban a recrear una Castilla medieval, y la voluntad regalista de la Corona que va a predominar. En los laboriosos pliegos de la encuesta que realizaron los frailes jerónimos en La Española está el acta de nacimiento del Nuevo Mundo.

En esta ilustre casa, que es como la conciencia de España, estamos congregados hoy para conmemorar el Quinto Centenario del nacimiento de Hernán Cortés, el 23 de octubre de 1485 y, con él, medio milenio de la aparición del Nuevo Mundo, digo mal, no de la aparición sino del comienzo del inmenso proceso de la creación del Nuevo Mundo.

El culto de los héroes siempre ha tenido la negativa consecuencia de hacernos perder de vista todo lo que hay de colectivo y de anónimo en la obra de las grandes personalidades históricas. Con ojos de poeta épico más que de juglares, tendemos a mirar sus hechos como dones gratuitos de un azar prodigioso que poco le debe a lo ordinario, que brota fuera y por encima de las circunstancias, y que viene a realizar la misión, casi sobrenatural, que los demás hombres no eran capaces de intentar.

No hay cómo desconocer la condición heroica de Cortés en todas las acepciones que la palabra tiene, desde la de sobrepasar los límites aparentes de la condición humana, la de encarnar un gran momento, la de confundirse con su obra, la de reunir en su acción los dones heráldicos del león, del águila y del zorro, hasta la virtud suprema de hacer historia, crear leyenda y personificar mito.

Ese grandioso proceso que se ha llamado la Conquista de América, con un nombre que falsifica irremediablemente la cosa, no fue la obra inexplicable de un hombre y, ni siquiera, de un puñado de hombres, fue una de las mayores, si no la mayor, de las empresas colectivas que han llevado al hombre a sobrepasar su condición individual.

Todos tomaron parte, en grado variable, desde las señeras figuras de los Reyes Católicos, Doña Isabel y Don Fernando, hasta los hidalgos pobres de «rocín flaco y galgo corredor», los letrados, los teólogos, el cambiante mundo de la picardía, los campesinos, los frailes, todos los hombres ávidos de acción y de aventura a quienes la increíble noticia fue alcanzando, como el eco de una campana de rebato. Se había hallado una nueva tierra, se había revelado una nueva ocasión para los hombres, había sonado la hora milagrosa en la que todos podían y querían ser los hijos de sus obras.

El Estado no había hecho planes y proyectos, sino que sobre la marcha se fue adaptando al torrente de novedades para las que no había respuesta adecuada en el arsenal de la vieja experiencia histórica.

El niño que crece en la casa del hidalgo pobre, Martín Cortés, se tiene que sentir literalmente rodeado de prodigios. Parece haberse alcanzado el largo anhelo militante de unificar a España, se ha ganado Granada, se triunfa en Nápoles, y más allá del mar océano se han hallado tierras desconocidas. La conversación de los peregrinos, el relato impresionante de los que habían regresado o habían podido hablar con alguien que había regresado, era el vasto dominio de la conseja, de la leyenda, de las descomunales aventuras, mucho más alucinantes que las que por el mismo tiempo comenzaban a realizar, en las páginas de los escasos libros, los caballeros andantes.

Su padre ha resuelto que sea letrado. Debió conocerle condiciones de inteligencia que justificaban el costoso esfuerzo de enviarlo a una de aquellas cuatro lumbres de Occidente, que era la Universidad de Salamanca.

Llega a una casa famosa, servida por sus ilustres maestros. Están allí, o han dejado su huella reciente, los más célebres teólogos, filósofos y juristas. Está vivo todavía el eco de la voz de Nebrija y su afirmación¡de que «la lengua es la compañera del imperio». Es también un tiempo de renovación del pensamiento entre las corrientes humanistas que vienen de Italia y la renovación de la filosofía cristiana que viene del Norte en los escritos de Erasmo. Todo revela la inminencia de un nuevo tiempo del hombre, que comprenderá desde la idea cristiana hasta las desconcertantes noticias de nuevas tierras.

Los sabios maestros de teología, metidos en sus sutiles disputas de tomistas y escotistas, nunca llegaron a sospechar que entre aquellos jóvenes que animaban con su bullicio los claustros y los patios de la venerable casa había uno que iba a ser mirado por un pueblo entero como un dios viviente.

No perdió su tiempo el joven Cortés, muchos años más·tarde Bernal Díaz dirá: «Era latino y oí decir que era bachiller en leyes, y cuando hablaba con letrados u hombres latinos respondía a lo que le decían en latín. Era algo poeta: hacía coplas en metros o en prosa. Y en lo que platicaba lo decía muy apacible y con muy buena retórica.»

El dilema de su tiempo se le debió plantear dramáticamente: las armas o las letras, la vida del letrado o la fascinante aventura de la guerra en Italia o en las Indias. Cuando sale de Salamanca encontrará el camino que lo ha de llevar a la realización de su gran destino. No era un camino claro, sin desvíos y sin dificultades, el que lo va a llevar desde Salamanca hasta embarcarse a principios de 1504 para llegar al Puerto de Santo Domingo.

. No llega con la impaciencia de aventuras que se le supone al conquistador. Llevan 12 años los españoles en Santo Domingo. El establecimiento comienza a asentarse y a tomar una fisonomía estable. Verá partir a Colón por última vez de regreso a España, y mientras salen audaces expediciones en busca de nuevas tierras y de la fabulosa masa continental él va a permanecer en actividades casi rutinarias de colono establecido. Recibirá tierras y repartimientos de indios, desempeñará funciones de escribano y secretario, y cultivará su tierra con buen provecho. Los hombres más famosos de la conquista desfilan ante su mirada serena. Nada parece tentarlo como no sea la segura vida del rico colono y del poderoso hombre de justicia.

En 1511 va con Diego Velásquez a establecerse en la isla de Cuba. No es una aventura sino casi un tranquilo traslado para mejorar su condición. Cultiva la amistad del obeso Gobernador, se mete en los líos inevitables de la pequeña comunidad expatriada, ve salir las expediciones de Hernández de Córdoba y de Grijalba en busca de la costa de Yucatán.

A fines de 1518, cuando ya lleva 14 años de próspero y respetado colono, oye la llamada del destino.

Una expedición bien pensada, sólidamente preparada, llevada adelante con un infatigable criterio de empresario sagaz. Pone su riqueza, que ya es de consideración, reúne otros aportes, adquiere navíos, recluta hombres, compra materiales y armas, hasta que tiene once naves, 663 hombres, 16 caballos, arcabuces, algunos cañones de cobre y la tranquila resolución de llegar hasta el límite de las posibilidades que se le ofrecían.

La ruptura con el Gobernador Velásquez era inevitable y prevista. No iba un hombre como él a emprender aquella incomparable empresa como un simple subalterno del Gobernador de Cuba.

Desde el primer momento parece marchar en el camino de una misión claramente intuida y aceptada, va como en cumplimiento de las fatales etapas de un supremo designio. Un designio ante el que no flaquea no sólo porque cuenta con la decisión heroica de su gente, sino porque se siente asistido de un poder sobrenatural que le ha confiado el empeño insuperable de llevar la fe y la salvación a los infieles.

Aquellos hombres que venían de convivir con los indígenas de las Antillas, con tribus de cazadores y agricultores de conuco, iban a hallar ciudades que les parecerán tan grandes como las de España, con una organización completa de la sociedad y con formas de civilización urbana que nunca habían visto en las Indias.

No se pueden leer los testimonios que nos han quedado de aquella insólita hazaña sin advertir de inmediato el sentido sinceramente religioso que tiene para todos ellos.

Cada cambio de paisaje va a ser un cambio de cultura. El mundo de la dominación azteca no era homogéneo ni en lengua, ni en tradiciones religiosas, ni en sentido de la vida. Era el fruto de una reciente dominación política y militar sobre distintas civilizaciones ya antiguas. Es lo que van a ir aprendiendo, de asombro en asombro, a medida que avanzan y cambian de entorno.

Han tenido la inmensa fortuna de topar con Aguilar y con la Malinche. A través de ellos cobra sentido y forma el confuso panorama humano que los rodea y sumerge.

Van descubriendo rápidamente la situación de aquel extenso país y sus conflictos internos, van a conocer con espanto los ritos homicidas de su religión y con admiración los refinamientos de su arte. La primera embajada que llega a Cortés es el deslumbrante anuncio de la extraña novedad humana, de su arte y de su riqueza. Van a aprender los nombres nuevos o a crearlos para tantas nuevas cosas. Van a percatarse de que se les mira como dioses, dioses del viejo panteón mexicano que han vuelto. Lo que conocemos de la impresión de los aztecas es revelador de una actitud de terror cósmico. Volvía Quetzalcoatl a cumplir la profecía, la Quinta destrucción del mundo iba a comenzar. Más allá de las realidades físicas, de las armas, los caballos, el arte de la guerra y la viruela, estaba el choque de dos espíritus. Lo que se abre de inmediato es el conflicto religioso que todo lo va a dominar y a determinar. No la guerra de los hombres, que podía encontrar muchas formas de acomodo, sino la guerra de los dioses que no admite tregua.

Es de esa cultura y no del proceso ordinario de establecimiento de un imperio colonial que surge la simiente del Nuevo Mundo. De la guerra de los dioses han surgido los nuevos mundos culturales. Así se hizo Occidente, no de la mera romanización que impusieron las legiones de César, sino de la lucha abierta del cristianismo contra las inmemoriales formas del paganismo europeo. Cierto es que no se llega a destruir nunca por completo una religión local y que ella persiste en muchas formas bajo la nueva religión impuesta. La saga de la cristianización de Occidente está llena de ejemplos de esta asimilación, por la fuerza que engendra la simbiosis básica de las viejas creencias con las nuevas. Las fuentes, los árboles y las piedras sagradas del paganismo rural se absorbieron en las nuevas formas de rito y advocación impuestos por la Iglesia.

Cuando Cortés echa a rodar brutalmente los ídolos aztecas de Cempoala, abría el cruento corte para el injerto del que iba a nacer el rasgo fundamental de un Nuevo Mundo. El rápido proceso de absorción y deformación de las viejas culturas no creó una tabla rasa para implantar la española, sino que estableció las bases de una diferente y nueva realidad cultural. Desde ese momento quedaba abierto el camino para que Juan Diego tropezara un día con la Virgen de la Guadalupe, con aquella María Tonantzin que reunía en su seno la fuerza creadora de las viejas creencias para servir de base a una nueva realidad espiritual.

Apenas asegurada la dominación militar llega la otra expedición, la más ambiciosa y temeraria, la de los doce frailes franciscanos que van a cometer la impensable empresa de hacer cristiano el imperio de Moctezuma. Los atónitos aztecas vieron a Cortés, en medio de todo su aparato de conquistador victorioso, ponerse de rodillas para recibir a los doce pobrecitos de Cristo.

Ninguno de los dos mundos sobrevivirá plenamente a esa confrontación total. Uno y otro van a cambiar no sólo dentro de los límites físicos del nuevo escenario, sino mucho más allá. La incorporación de América a la geografía y a la historia universales marca el comienzo de un nuevo tiempo del hombre, de inagotables consecuencias en la vida y en el pensamiento del Viejo Mundo. De ella se alimenta aquella crisis de conciencia que va a atormentar a los pensadores europeos por siglos, desde Tomás Moro hasta Rousseau, hasta crear el mito revolucionario y transformar el destino de la humanidad.

Se conoce en todos sus detalles exaltantes y terribles la hazaña de Cortés y de sus compañeros, que en cortos años va a someter a la Corona de Castilla territorios decenas de veces más grandes que el de la Península. Lo que importa mirar ahora es el significado y las consecuencias de ese encuentro.

No se trata de un mero hecho de conquista, que tantas veces se ha dado en tantas épocas, sino de ese raro fenómeno que tiene su antecedente en el continente europeo en el tiempo que va desde la muerte de Teodosio hasta la coronación de Carlomagno. El factor decisivo en la creación de Occidente no fue la extensión política y administrativa del dominio de Roma, sino, sobre todo, la asombrosa empresa de la cristianización de los paganos.

El fenómeno se da en el Imperio español de un modo mucho más dinámico y completo. En medio siglo se completará la estructura, el carácter y las formas de integración de esa masa continental desconocida. La experiencia de México define el carácter y las peculiaridades de aquella obra única.

La marcha de Cortés a Tenochtitlán podría ser vista, casi, como la transposición, en símbolo y alegoría legendaria, de un remoto hecho histórico, como ha pasado con las sagas de los más viejos tiempos.

Todo es simbólico y reviste casi un carácter de ceremonia sagrada para representar el hecho mítico de la fundación de un pueblo. Es simbólico, a pesar de ser real, el hecho de que Cortés destruya las naves. Era la manera de expresar que aquella empresa no tenía regreso ni vuelta posible al pasado. Es profundamente simbólica aquella llegada ceremonial de los conquistadores a Tenochtitlán.

Aquel ser divinizado por todos sus vasallos, que era Moctezuma, en toda su pompa sagrada, rodeado del complicado aparato de su cultura, a la entrada de la extraña ciudad del lago, con sus calzadas y sus torres y aquel otro ser doblemente divinizado que era Cortés para sus hombres y para él mismo, por la convicción suprema de venir en cumplimiento de un designio divino, y para los atónitos aztecas que lo veían como Quetzalcoatl regresado.

No tenían lengua para poder hablar directamente, no tenían nombres para designar las cosas que pertenecen a cada uno de los mundos. Es por aproximación, por semejanza, por deformados ecos como pueden distinguir las cosas nuevas para cada uno. Los caballos son venados gigantes, la plaza de Tenochtitlán es dos veces la de Salamanca. Con ojos asombrados Cortés y sus compañeros han visto tantas novedades increíbles, las casas, los templos, aquellas fieras, aquellas aves, aquellos peces de los palacios del soberano azteca y el maravilloso retablo del mercado de Tenochtitlán, que eran como una síntesis viviente de la presencia de un mundo desconocido. «Por no saber poner los nombres no las expresa», le dice al Emperador en su carta.

No las expresan, pero las sienten los dos protagonistas, en la violencia de la guerra y en la oscura germinación del orden impuesto, tan estrechamente unidos, tan inminentemente mezclados, tan fundidos en uno como los luchadores en su abrazo de vida y muerte.

A partir de allí habría que comenzar a contar no por años, ni por los siglos de los cristianos, ni por las sucesivas catástrofes universales de los aztecas, ni por los reinados de los príncipes, ni por los cambios de decorado, sino por las estaciones del espíritu, por las etapas del vasto drama de una nueva creación humana.

No será ya solamente México, sino las tierras del Mar del Sur, los pueblos de los Andes, de la puna, de las selvas del Amazonas y del Orinoco, de las ilimitadas llanuras, de los nuevos poblados, de las viejas urbes con sus nuevos patrones celestiales, del casi geológico acomodamiento entre fuerzas y tensiones transformadoras del paisaje humano.

Lo que comienza a surgir no va a ser una Nueva España, como pudieron desearlo los conquistadores, ni tampoco va a mantenerse el México Antiguo. No va a ser ni lo uno ni lo otro, sino el vasto surgimiento de una confluencia que refleja el legado de sus forjadores, con sus conflictos y sus no resueltas contradicciones en el múltiple e inagotable proceso del mestizaje cultural americano, que ha hecho tan desgarrador y vivo el problema de su identidad.

De allí va a tomar cuerpo, en toda su asombrosa variedad, esa nueva sociedad de tan viejas herencias y tan poderosas solicitaciones de futuro, que nunca fue cabalmente las Indias, ni tampoco una geográfica América casi abstracta. Los hijos de los conquistadores, los de los indígenas, los herederos de las contrarias lealtades y las opuestas interpretaciones, los que sienten la mezcla fecunda en la sangre y sobre todo en la mente, los causahabientes de los indios, de los españoles, de los negros y de las infinitas combinaciones de cultura que se produjeron y se producen, los que sienten combatir en su espíritu los llamados conflictivos del pasado y del presente, los que nuca dejaron de sentirse en combate consigo mismos, fueron y tenían que ser los actores de una nueva situación del hombre.

De esa peculiaridad creadora vendrán el Inca Garcilaso de la Vega, Sor Juana Inés de la Cruz, Rubén Darío, «muy siglo diez y ocho y muy antiguo y muy moderno;

audaz, cosmopolita», y los creadores del realismo mágico en la novela, que han llevado ante el mundo la inconfundible presencia de la otra América. Nada fue simple transplante o inerte yuxtaposición de formas. Desde la Catedral de México y las casas de Cuzco, que revelan las capas culturales por pisos casi geológicos, hasta Brasilia. Desde la afirmación del barroco de Indias que mezcla las sensibilidades distintas en el templo y la piedra labrada y en la poesía. Desde la pintura y la escultura, que pronto comienzan a revelar otro carácter cada vez menos enteramente asimilable al de los estilos de Europa, desde el culto y la conciencia del ser hasta el lenguaje, este castellano, tan genuino y tan propio, tan antiguo y tan nuevo, que expresa la presencia poderosa de una identidad cultural. Habría que llamar a este juicio a todos los grandes testigos de la creación y de la afirmación de ese gran hecho creador, a los fundadores, a los comuneros, a los capitanes de insurrección, a los antagonistas de la palabra y de la acción, a los libertadores, a los buscadores de un nuevo orden para aquella sociedad peculiar, a los que creyeron estar siguiendo algún modelo extranjero y se hallaron metidos en una empresa de genuina creación propia, a todos los que han sido y siguen siendo factores y creadores del mestizaje cultural.

Cuando se abre el segundo o tercer acto del gran drama de la creación del Nuevo Mundo, los hombres de la Independencia, tan cercanos de los liberales de España, toparon con el viejo enigma del propio reconocimiento. Bolívar lo sintió y lo expresó con palabras certeras que no han perdido su validez. «No somos europeos, no somos indios... somos un pequeño género humano, poseemos un mundo aparte, cercado por dilatados mares, nuevo en casi todas las artes y ciencias, aunque, en cierto modo, viejo en los usos de la sociedad civil.»

A la luz de esa condición, en presencia de lo que ha sido, de lo que ha llegado a ser, de lo que está en camino de llegar a ser esta vasta parte de la geografía y de la humanidad que todavía llamamos nueva, habría que intentar una nueva lectura desprejuiciada y valiente de tan inmenso hecho.

En ninguna parte puede encontrar mejor resonancia semejante esperanza que en esta noble casa, tan ligada históricamente a esa empresa abierta, a esa fascinante posibilidad de creación de futuro. Lo que estamos conmemorando hoy aquí, al amparo de la gran lumbre de este polo de la conciencia hispánica, siete veces secular, no es sólo el nacimiento de un gran hombre, sino su contribución a ese hecho fundamental de la historia de ayer y de hoy, a esa gran realización que habremos de seguir llamando, con toda propiedad y justicia, la Creación del Nuevo Mundo.

ÍNDICE

Impreso en el mes de abril de 1990
en Talleres Gráficos DUPLEX, S. A.
Ciudad de Asunción, 26
08030 Barcelona